南湖互联网金融丛书

众筹融资 模式与监管

THE M¥DELS AND REGULATION OF
CR€WDFUNDING

苗文龙　严复雷◎著

经济管理出版社
ECONOMY & MANAGEMENT PUBLISHING HOUSE

图书在版编目（CIP）数据

众筹融资：模式与监管/苗文龙，严复雷著. —北京：经济管理出版社，2018.1
ISBN 978-7-5096-5642-6

Ⅰ.①众… Ⅱ.①苗… ②严… Ⅲ.①融资模式—研究 Ⅳ.①F830.45

中国版本图书馆 CIP 数据核字（2018）第 015831 号

组稿编辑：宋　娜
责任编辑：高　娅
责任印制：黄章平
责任校对：张晓燕

出版发行：经济管理出版社
　　　　　（北京市海淀区北蜂窝 8 号中雅大厦 A 座 11 层 100038）
网　　址：www. E-mp. com. cn
电　　话：（010）51915602
印　　刷：北京晨旭印刷厂
经　　销：新华书店
开　　本：710mm×1000mm/16
印　　张：12.25
字　　数：174 千字
版　　次：2018 年 4 月第 1 版　2018 年 4 月第 1 次印刷
书　　号：ISBN 978-7-5096-5642-6
定　　价：98.00 元

序

PREFACE

随着互联网技术的发展，众筹融资在解决公益项目、创业项目和小企业的资金需求等方面发挥了不容忽视的作用。国际上一些市场经济发达国家纷纷制定或完善众筹融资法律，健全众筹融资监管，在为众筹融资提供合法身份的同时，适度放宽市场准入条件，规范平台、项目管理方和投资者的行为。近年来，国内众筹融资发展迅速，市场主体良莠不齐，风险事件时有发生。国家及时出台了一系列规范性文件，严格规范众筹融资市场，同时也对正常的融资需求和众筹经营形成较大的监管压力。为推进我国众筹融资的健康发展，有必要将其范畴、运行特征、内在机制、主要风险、风险管理进行梳理和分析，为监管制度和监管方法的完善提供参考。

根据投资者回报形式的差别，国际上一般将众筹融资分为捐赠众筹、预售众筹、借贷众筹、股权众筹和产权众筹，国内的众筹融资也不外乎这五种形式，有时则是两种或几种形式众筹的组合。但有两点值得注意：一是国内部分人士将众筹融资和互联网金融相混淆，或将众筹融资完全归属于互联网金融；二是国内和国外对具体形式的众筹融资的称谓存在区别，如果直接引用或套用国外相关监管做法，则难以有效控制风险。因此，本书首先在第一章对众筹融资的定义、范畴、类型，以及与互联网金融和金融科技的区别、联系与融合，进行分析介绍。进而在第二章至第六章分别对捐赠型众筹、预售型众筹、借贷型众筹、股权型众筹和产权型众筹的概念、运行机制、经营特征进行分析，并对具有金融功能的借贷型众筹（类似于国内的P2P网络借贷）和股权型众筹的主要风险进行分析。考虑到我国法规文件对网络借贷和众筹融资的界定区别和监管差别，本书在第七章主要分析股权型众筹的金融功能，在第八章主要分析股权型众筹的监管。对于捐赠型众筹、预售型众筹和产权型众筹，已有的《合同法》、《民法》、《商法》等法律法规已经进行了比较全面的规范，而且现实中此类众筹融资的争议问题也较少，因此本书不再对这三类众筹融资的监管进行阐述。

在本书撰写的过程中，西南科技大学经济管理学院的严复雷副教授、李浩然硕士研究生、杨胜麟硕士研究生参与了第二章、第三章、第四章和第六章的资料整理和撰写，南湖互联网金融学院的张浅女士参与了第五章的资料整理和撰写，中国人民银行西安分行的张德进高级经济师参与了第八章的资料整理和撰写。初稿形成后，南湖互联网金融学院的张国东、姚崇慧、徐琳、杨鑫杰、蒋佳秀、李雪婷、赵伟等专家对本书进行了反复指导和纠正，邹传伟院长对本书的逻辑与结构进行了斧正。根据他们宝贵的意见，笔者进行了六次较大篇幅的修改。但由于笔者知识、经验和悟性所限，仍未能全面彻底完善，对此深感不安。

热切盼望得到广大读者的批评和指导。

苗文龙

2017 年 12 月

目录
CONTENTS

目 录 CONTENTS

第一章 概 论

本章提要：本章在界定众筹融资范畴的基础上，分析众筹融资的类型与定位，介绍众筹融资运行特征、运行机制和激励约束机制，归纳国内众筹融资的主要风险，结合国际相关数据，预判众筹融资的发展前景。

▶ 第一节 众筹融资的定义

一、众筹融资的定义

2008 年金融危机后，银行业贷款收紧，创业者和处于早期阶段的企业只好另谋融资渠道。互联网的迅速发展为众包发展成为众筹融资提供了便利的网络基础。众包的目的是有效利用一个新项目潜在参与者的知识、智慧以及技能及时顺利完成该项目的投资和生产。许多专门为众包任务设计的互联网在线平台用于孵化企业项目，形成众筹融资（Crowdfunding）。

对于众筹融资范畴的具体界定，国内外存在一定的差别。国际上对众筹融资范畴的界定相对广泛。世界银行（2014）将众筹融资界定为一种互联网融资途径，具体是指企业或其他组织通过互联网以捐赠或投资形式向社会公众筹集资金。世界银行（2016）进一步描述，众筹是一种在线为项目或企业从众人那里募集资金的技术方法。企业家通过这种方法，在互联网平台上发起项目，向大量潜在的捐助者或投资者提供他的想法。因此，国际上众筹融资可以是捐赠、预售、借贷、股权、产权等具体形式，而借贷形式的众筹实质上就是 P2P 网络贷款。国内对众筹融资范畴的界定源于互联网金融的发展。谢平等（2014）界定众筹融资为互联网上的股权融资。2015~2017 年，国内监管部门出台的系列规范性文件沿用了这一概念。例如，中国人民银行等十部委在 2015 年 7 月印发的《关于促进互联网金融健康发展的指导意见》（以下简称《指导意见》）中界定"股权众筹融资主要是指通过互联网形式进行公开小额股权融资的活动"，并将国际上借贷众筹归类为网络借贷下的个体网络借贷（P2P 网络借贷）。国内众筹融资主要包括捐赠众筹、预售众筹、股权众筹等形式。因此，本书中的众筹融资是指企业或其他组织以互联网为平台发布融资项目，通过多人捐赠或债权、股权投资的形式筹集资金。

二、众筹融资、互联网金融和金融科技的关系

进入 21 世纪后，伴随网络技术和大数据的发展，互联网金融风起云涌。由于具有透明度高、参与广泛、中间成本低、支付便捷、信用数据更为丰富和信息处理效率更高等优势，互联网金融引起国内政府、银行、IT 企业等主体的迅速反应。而随着科技创新的不断推动，金融科技（Fintech）概念应运而生。在此，有必要区分众筹融资、互联网金融和金融科技的关系。

（一）互联网金融

准确地说，互联网金融指传统金融机构与互联网企业利用互联网技术和通信技术实现资金融通、支付、投资和信息中介服务的新型金融业务模式。根据

谢平等著的《互联网金融手册》，互联网金融是一个庞大的谱系，谱系一端是传统银行、证券、保险、交易所等金融中介和市场，另一端是瓦尔拉斯一般均衡对应的无金融中介或市场情形，介于两端之间的所有金融交易和组织形式都属于互联网金融的范畴。该著作按照 2013 年 12 月各种互联网金融形态在支付、信息处理、资源配置三大支柱上的差异，将其划分为 6 种主要模式：①金融互联网化（包括网络银行、手机银行、网络证券公司、网络保险公司、网络金融交易平台、金融产品的网络销售）；②移动支付和第三方支付；③互联网货币；④基于大数据的信用评估和网络贷款；⑤P2P 网络贷款；⑥众筹融资（主要是股权众筹融资）。

（二）金融科技

金融科技指金融和科技相融合后所形成的业务模式，具体包括数字支付、网络借贷、数字货币、股权众筹以及智能投顾等。例如，沃顿商学院将金融科技定义为"用技术改进金融体系效率的经济行业"。Fintech Weekly 将金融科技作为企业使用软件来提供金融服务的一种创新，金融科技公司一般是指对较少依赖软件的金融系统和公司造成颠覆的初创公司。美国商务部将金融科技公司定义为"应用软件和科技为客户提供金融服务的公司"。此外，人们将金融科技赋予了更为广泛的含义，将其定义为一种科学技术。例如，《牛津词典》将金融科技定义为用来支持银行业和其他金融服务的电脑程序和其他科技，包括互联网、大数据、云计算、区块链以及人工智能等。

（三）三者之间的关系

根据上述分析，众筹融资、互联网金融和金融科技的共同之处是人们运用互联网和计算机技术改进金融交易方式、提高金融交易效率。因此，三者都涵盖了具有金融交易性质和互联网交易形式的借贷众筹融资（即 P2P 网络借贷，本书对此不再做具体区分）和股权众筹融资。

不同之处体现在众筹融资、互联网金融和金融科技各自的侧重点有所不同。众筹融资侧重于通过计算机网络实现"积沙成塔"式的项目融资，重点在于由社会公众共同对发起项目进行投资，体现出互联网式金融市场的特点。互联网金融侧重于互联网技术和金融业务的融合，重点在于通过互联网技术提高金融交易和金融资源配置的效率，体现出互联网技术对整体金融体系补充和完善的特点。金融科技侧重于通过科学技术完善金融服务，重点在于各类科技在金融领域的运用，体现为金融服务的科技化特点。

三、众筹融资的定位

从金融体系创新发展的视角，可初步分析得出众筹融资的定位。金融互联网化主要解释传统金融业务顺应技术发展而进行的经营销售方式的改变和拓展，实质上是现有金融体系利用科学技术节约交易成本、提升交易效率。众筹融资，特别是借贷型众筹融资和股权型众筹融资，是融资者规避金融市场融资规定、减少金融交易中间环节、直接与投资者进行资金融通的一种金融交易模式，是对现有直接融资体系的重要补充，是多层次资本市场的探索和发展。

▶ 第二节　众筹融资类型与经营特征

众筹融资中，主要有两类参与者：一类是生产者或项目管理者。他们在众筹平台展示新项目，进行筹资活动；如果能筹集足够的资金，后期按照募资计划执行项目生产。另一类是众筹出资者。尽管大多数众筹融资平台是"购买你想要的"（pay-what-you-want）模式，但一般会给众筹出资者提供其他非物质的补偿，如感谢的电子邮件、公司发行音乐的CD、观看电影制片工厂、在电

影中扮演一个小角色或者具有文化价值的纪念品等。众筹融资的主要回报是产品本身，但对于金额较大的参与者还有其他奖励计划，如更高的股权回报率。在众多众筹融资平台中，Kickstarter 最为流行，其原因主要有两个：第一，Kickstarter 上的项目范围广泛，平台的参与者和关注者较多；第二，Kickstarter 作为早期众筹融资的代表，其机制较为健全，多为后来者模仿或复制。本节主要通过划分类型，归纳众筹融资的经营特征。

一、运作原理与奖励计划

(一) 企业融资环节与众筹融资

企业筹集资金一般包括捐赠、接受赞助、前端销售（预订或预售）、借贷、股权出售等环节。这些环节的要求和操作复杂性差别很大，根据复杂程度描述为图 1-1。捐赠融资的复杂程度最低。接受赞助可能附有其他条件，复杂程度要略高于捐赠。初期的众筹融资往往采取前端销售的方式。前端销售必须有创新产品的样本，而且要有相应的股权配置规则，以及未来的回报计划，因此复杂程度要高于捐赠和赞助。企业运行稳定且达到一定规模后，常用借贷（包括银行贷款和发行债券）工具进行融资，此时复杂程度又要高于前端销售。复杂程度最高的就是传统的股票公开发行。

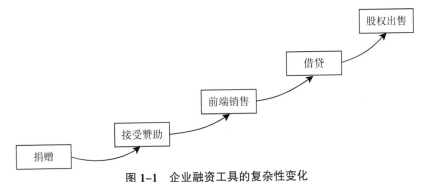

图 1-1 企业融资工具的复杂性变化

资料来源：Hemer J. A Snapshot on Crowdfunding [R]. Working Papers, Firms and Region, No. R2/2011, 2011.

(二) 众筹融资基本流程

众筹融资作为企业的融资工具，操作具有一定的困难，它不仅需要大量的资金支持者，而且需要对数目庞大的小额支付交易进行管理。许多企业启动项目，要么是经验不足，要么是没有兴趣管理众筹融资过程，他们往往把这个任务委托给所谓的"中间人"——众筹融资平台。从众筹融资的起源来看，这些服务中介开始往往是网络公司或软件公司。它们拥有广泛的活动范围和活动强度，起初只提供信息发布平台，充当项目管理者与众筹融资基金之间中立的调解人。随着参与者对平台需求的提高和众筹融资机制的发展，他们提供的平台又增加了证实融资过程、监督项目执行、向项目管理者提供融资建议、为参与者组建更为广泛的社交网络、帮助成员寻求共同投资者等内容。

众筹融资平台之所以能迅速发展是因为它具备了解决信息不对称和降低交易成本的关键功能。首先，作为资金需求的一方——创新项目的管理者（生产者）与众筹融资平台进行信息交流，听取平台的建议，按照平台规则发布较为详细的项目信息、发展计划、股权配置以及奖励回报等信息。其次，创新项目在众筹融资平台发布后，资金提供方——众筹出资者根据自身的效用需求，在平台上输入出资条件，搜寻符合条件的创新项目，直接与项目管理者进行谈判；或者委托银行进行投资，银行可以投资既定的项目，也可以投资符合条件的非既定项目，类似于信托贷款。当然，这一过程更多的是投资金额较低的出资者，自由在平台上查找各自偏好的项目，进行投资。最后，随着资金的划转，项目管理者启动生产，并向出资者奖励回报。其运作关系描述为如图 1-2 所示。需要注意的是，众筹融资平台一般对项目管理者的国籍有一定要求，但对出资者则无国籍限制。

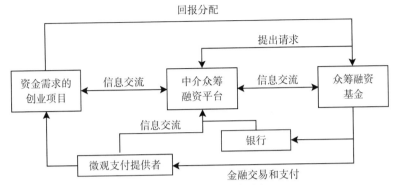

图 1-2　众筹融资基本流程

资料来源：作者根据众筹融资流程进行绘制。

二、主要类型及市场作用

(一) 主要类型

根据出资方与项目管理方之间的利益分配及风险承担关系，国际上众筹融资主要有五种类型，分别是：捐赠型众筹、预售型众筹、借贷型众筹、股权型众筹和产权型众筹。捐赠型众筹的发起不是为了股权资本金，而是为了解决前期资金困难，或者为了爱心活动。一般情况下，捐赠型众筹是为了支持一个早期阶段的公司建立或产品革新，条件是为众筹出资者提供早期革新产品和服务。预售型众筹是项目管理者通过提前销售在一段时间后交付的产品获得当前需要的生产资金。借贷型众筹是项目管理者通过借贷的方式向社会投资者筹集债务资金。股权型众筹是出资者通过投资收到股权凭证或利润分享安排。产权型众筹是出资者通过出资获得信托，一单位信托产生一份收益，收益来源于公司的知识产权。根据世界银行发展项目信息组的分析，众筹融资类型可归纳为表 1-1。

表 1–1　众筹融资类型

模式	特征	风险	收益
捐赠型众筹	众筹出资者没有任何货币化补偿	无风险	捐赠者不获得任何安全收益。项目管理者对募集基本的资金存在一定的失败风险
预售型众筹	出资者可获得象征性的礼物，或者提前购买项目商品服务。这种模式包括通过提前销售获得大额资金	风险较低。主要是项目基本的执行风险和欺诈风险。无金融投资收益	基本收益很小。安全性较低，无问责机制。项目管理者如果没有商品销售，则筹集足够的资金具有较大的困难
借贷型众筹	出资者收到债务性投资凭证，可获得关于这一特定项目的固定利率收益	债权持有者收益安全性高于股权持有者，但存在项目破产风险	借贷双方提前约定收益率。项目启动时，失败率较高，亏损风险和股权投资类似。项目如果已经产生现金收益流，此时基于贷款的众筹是一个可考虑的选择
股权型众筹	出资者收到股权凭证或利润分享安排	潜在的创业收益概率	潜在的投资损失。企业破产时股权持有者从属于债务持有者
产权型众筹	出资者的一单位信托产生一份收益，收益来源于公司的知识产权	潜在收益无具体限额。但收益率由双方参照利率决定	收益和风险高于债务工具，低于股权工具

资料来源：The World Bank. Crowdfunding's Potential for the Developing World ［R］. Washington DC 20433，www.infoDev.org，2013.

项目发展阶段及融资周期与众筹方式之间的关系如图 1–3 所示。其含义为：在技术创新处于想法或概念设计的阶段，资金需求规模一般小于 50 万美元，捐赠型众筹可以更有效地解决此类项目的融资需求。当创新理念得到资金并论证，启动项目、生产出初期产品时，如果市场前景乐观，需进一步扩大规模生产，此时融资规模在 50 万~100 万美元，借贷型或股权型众筹可以解决此阶段的项目融资需求。当生产规模继续扩大后，企业拥有了持续上升的销售收入、资产规模和良好的财务资本，主流金融体系如银行信贷等可解决此类融资需求。

（二）市场作用

从金融功能角度分析，不同类型的众筹融资不一定都具备金融性质，其市

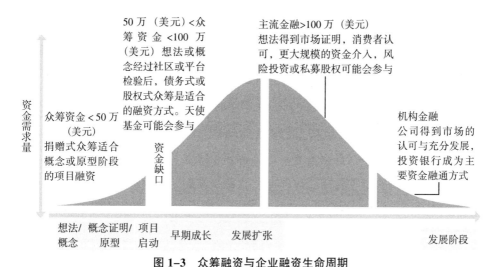

资金需求量

50 万（美元）<众筹资金 <100 万（美元）想法或概念经过社区或平台检验后，债务式或股权式众筹是适合的融资方式。天使基金可能会参与

主流金融>100 万（美元）想法得到市场证明，消费者认可，更大规模的资金介入，风险投资或私募股权可能会参与

众筹资金 <50 万（美元）捐赠式众筹适合概念或原型阶段的项目融资

资金缺口

机构金融公司得到市场的认可与充分发展，投资银行成为主要资金融通方式

想法/概念　概念证明/原型　项目启动　早期成长　发展扩张　发展阶段

图 1-3　众筹融资与企业融资生命周期

资料来源：The World Bank. Crowdfunding's Potential for the Developing World ［R］. Washington DC 20433, www.infoDev.org, 2013.

场作用也不尽相同。

第一，捐赠型众筹是出资者和项目管理者之间的赠与合同，受到我国《公益事业捐赠法》和《合同法》中有关条款的约束（肖凯，2015）。按照 1999 年《公益事业捐赠法》第 10 条的规定，只有公益性社会团体和公益性非营利的事业单位可以接受捐赠，具体包括以发展公益事业为宗旨的基金会、慈善组织等社会团体，从事公益事业的不以营利为目的的教育机构、科学研究机构、医疗卫生机构、社会公共文化机构、社会公共体育机构和社会福利机构等。如果受赠人为个人，则可适用《合同法》有关赠与合同的规定，如第 185 条至第 195 条。

第二，预售型众筹是具体商品的买卖或者特定服务的提供，双方之间的合同权利义务关系应通过众筹平台的项目说明加以明确。除了《合同法》之外，对于具体产品的质量问题，预售型众筹也可适用《产品质量法》。对于出版物众筹，应遵守相关新闻出版的法律法规。捐赠型众筹和预售型众筹，本质上与资金的跨期配置并不相同。

第三，借贷型众筹是在个体网络借贷平台上发生的直接借贷行为。中国人民银行等十部委印发的《指导意见》明确，个体网络借贷（借贷型众筹）属于民间借贷范畴，受《合同法》《民法通则》等法律法规以及最高人民法院相关司法解释规范。个体网络借贷要坚持平台功能，为投资方和融资方提供信息交互、撮合、资信评估等中介服务，要明确信息中介性质，主要为借贷双方的直接借贷提供信息服务，不得提供增信服务，不得非法集资。

第四，股权型众筹使融资者与投资者直接进行股权交易，是多层次资本市场的有机组成部分。《指导意见》明确，股权众筹融资中介机构可以在符合法律法规规定的前提下，对业务模式进行创新探索，发挥股权众筹融资的作用，更好地服务于创业企业。股权众筹融资方应为小微企业，应通过股权众筹融资中介机构向投资人如实披露企业的商业模式、经营管理、财务、资金使用等关键信息。

第五，产权型众筹的功能定位是依托众筹融资平台为知识产权项目筹资。出资者通过购买指定融资项目的信托计划，对知识产权项目管理者进行融资，并在知识产权项目转化为现实收益时获得信托收益，加速知识产权的创新和转化。截至 2017 年 6 月，国际上产权众筹仍处于尝试阶段，产权众筹的主要形式是基于知识产权的科研众筹，市场定位是通过互联网平台连接科研工作者和互联网上的投资人，利用公众的力量来为独特的、对社会有积极意义的科研项目筹集资金，解决科研机构或人员由于科研经费紧张无法正常开展相关研究的难题。项目结束后，投资人将获取一定的经济利益或是署名权等另外形式的特殊回报。本书在介绍产权众筹时主要分析其中的科研众筹模式。

根据国际众筹融资体系范畴和中国现实中存在的众筹融资模式，本书在第二章至第六章分别介绍捐赠型众筹、预售型众筹、借贷型众筹、股权型众筹和产权型众筹等主要类型众筹融资的运行机制与发展情况。但从金融性质的角度观察，具有金融功能的众筹融资主要是借贷型众筹和股权型众筹。考虑到我国

法规文件对众筹融资的界定和管理口径，本书后面主要分析股权众筹融资的金融功能（第七章）和股权众筹融资的监管（第八章）。对于捐赠型众筹、预售型众筹和产权型众筹，已有的《合同法》《民法》等法律法规已经进行了比较全面的规范，因此本书不再对这三类众筹融资的监管进行阐述。同时，需要说明的是，本书所引用的国内众筹融资行业数据一般不包括借贷型众筹融资的相关数据，借贷型众筹融资数据多体现在网络借贷统计数据中。

三、经营特征

近年来，众筹融资的发展较为迅速，世界银行《发展中国家众筹融资报告（2014）》显示，2009 年全球众筹融资平台交易规模只有 5 亿美元，2012 年则达到 27 亿美元。根据 Hemer Joachim 在 2011 年研究时所使用的来自美国、英国、法国、德国四个国家的 10 家众筹融资平台的数据（见表 1–2），我们可以归纳出众筹融资以下经营特征。

第一，众筹融资平台一般属于新兴企业，经营时间较短。10 家众筹融资平台当中最早成立的是 SellAband，截至 2011 年 1 月，其成立时间为 53 个月；截至 2016 年 12 月，其成立时间约 10 年 5 个月。

第二，每个众筹融资平台发布项目的数量和质量取决于平台的知名度和规则健全性。Kickstarter 在 2009 年 4 月至 2011 年 1 月这一时间，共发布了 12000 个项目，平均每个月 571 个。这 10 家平台共发布 51477 个项目，平均每月 258 个项目。

第三，平台发布项目只有一小部分会被出资者选择。Kickstarter 发布的 12000 个项目中，5000 多个项目有出资者选择，选择率（有出资者选择的项目数/发布的项目数）略大于 42%；这一期间，10 家平台有出资者选择的项目数为 11414 个，选择率约为 22%。

第四，融资成功的项目数更低。在众筹融资阈值（Threshold）① 机制下（下文将详细解释），如果在一定时限项目融资金额达不到一定规模，则不能再继续按照初定计划融资，并需将所有已筹集资金返还给出资者。前期有出资者选择的项目未必都能达到预定的阈值，Kickstarter 平台这一期间有 3500~4000 个项目融资成功，成功率（融资成功项目数/有出资者选择的项目数）为 70%~80%；10 家平台平均融资成功率为 64%。

第五，出资者数目庞大。Kickstarter 出资者达到 400000 个，平均每月有 19000 个；7 家有相关数据的众筹融资平台，平均每家有 84200 个出资者，平均每家平台每月有 7017 个出资者。

第六，项目融资额较低。Kickstarter 平台融资项目的筹集资金规模为 2460 万欧元，每个项目平均为 4920 多欧元；10 家平台融资总规模为 4500 万欧元，平均每个项目融资 3942 欧元，每个出资者平均为 62.9 欧元。

表 1-2　选择的 10 个众筹融资平台的性能数据（2010 年 12 月至 2011 年 2 月）

平台（国家）	项目类型	开始日期 （到 2011 年 1 月的月数）	所有的项目数 （个） （每月）	有出资者选择 的项目数（个） （选择率）	融资成功的项目数（个） （成功率）
Kickstarter（US）	非慈善	2009 年 4 月 （21）	12000 （571）	>5000 （>42%）	3500~4000 （70%~80%）
IndieGoGo（US）	任何	2008 年 1 月 （36）	>15000 （405）	>4000 （>27%）	数千
SellAband（NL/DE）	音乐	2006 年 8 月 （53）	—	54	38CDs（70%）
RocketHub（US）	任何	2010 年 2 月 （11）	350 （29）	75 （21%）	—
Ulule（F）	任何	2010 年 10 月 （3）	169 （42）	53 （31%）	42 （80%）

---

① 按照法规要求或平台约定，项目管理者只有在一定时期内融资达到一定的门槛水平才能进行新增融资，否则要将前期筹集的资金全部退还给出资者，从而意味着融资失败。

平台（国家）	项目类型	开始日期（到2011年1月的月数）	所有的项目数（个）（每月）	有出资者选择的项目数（个）（选择率）	融资成功的项目数（个）（成功率）
Slicethepie（UK）	音乐	2007年6月（43）	—	31	26个唱片专辑（84%）
PledgeMusic（UK/US）	音乐	2009年7月（18）	>2700（>115）	2079（77%）	132（6%）
SonicAngel（B）	音乐	2010年4月（9）	1500（142）	13（0.8%）	12（92%）
MyMajor（F）	音乐	2007年10月（39）	18000（473）	36（0.2%）	15（42%）
Grow VC Group（FIN UK）	启动	2010年8月（5）	1758（293）	73（4.1%）	—
总计或平均			51477（258）	11414（25%）	64%

平台（国家）	出资者累计数（每月）	融资金额（每个项目）（欧元）	支付的累计金额（欧元）	支持者平均出资（欧元）	平台盈利（%）
Kickstarter（US）	>400000（>19000）	>24.6百万（>4920）	—	50	5
IndieGoGo（US）			百万美元	56	4
SellAband（NL/DE）	>70000（>1320）	>2.7百万（>50000）	2.7百万	41	15
RocketHub（US）	—	—	300000	—	8
Ulule（F）	4818（1204）	100000（1887）	70000	32	0
Slicethepie（UK）	—	—	750000	—	—
PledgeMusic（UK/US）	74000（3895）	—	—	65	15
SonicAngel（B）	3500（318）	—	—	46	0（分红）
MyMajor（F）	30000（789）	5百万（138889）	360000	150	0（分红）
Grow VC Group（FIN UK）	7229（1205）	11.6百万（148904）	—	—	25

续表

平台（国家）	出资者累计数 （每月）	融资金额 （每个项目） （欧元）	支付的累计 金额 （欧元）	支持者平均 出资 （欧元）	平台盈利 （%）
总计或平均	84200 51.7	> 45 百万 （3942）		62.9	

注：10 家平台分别是美国的 Kickstarter、IndieGoGo、RocketHub，英国的 Slicethepie、SonicAngel，法国 Ulule、MyMajor，跨美国和英国的 PledgeMusic，跨荷兰和比利时的 SellAband，跨芬兰和英国的 Grow VC Group。

资料来源：Hemer J. A Snapshot on Crowdfunding［R］. Working Papers，Firms and Region，No. R2/2011，2011. 谢平，邹传伟，刘海二. 互联网金融手册［M］. 北京：中国人民大学出版社，2014.

▶ 第三节 众筹融资的进一步发展

一、中国众筹融资的发展态势

（一）发展背景

1. 通信技术的发展使网上信息传输更畅通

随着全球移动通信技术的不停升级换代，我国的通信网络也获得了迅猛发展。2009 年，我国正式进入 3G 时代。据中华人民共和国工业和信息化部公布的《中国通信行业月度分析报告（2016）》数据，2014 年 6 月，国内 3G 网络使用人数已到 4.85 亿人。在 3G 技术进步的同时，我国在 2013 年底宣布踏入 4G 时代。2014 年末，国内 4G 网络使用人数超 0.99 亿户，成为全球最大的 4G 用户市场。依据宽带发展联盟公布的 2016 年的《国内宽带速度报告》显示，国内网络速度突破了 10M 大关。因此，"互联网+"时代将完全颠覆传统的生产、生活、学习、社交模式。正是因为互联网技术的跨越式发展，为公益项目通过互联网平台进行展示、宣传、筹资提供了技术支撑和无限可能。

2. 移动通信技术的发展使移动支付成为习惯

根据中国互联网信息中心 2016 年公布的《中国互联网发展状况统计报告》，截至 2016 年 6 月，我国的网络用户为 7.10 亿人，网络覆盖率为 51.7%，高于国际平均水平。其中，手机网络用户数量达 6.56 亿人，约占全体网络用户的 92.5%。仅手机上网的网民就达 24.5%。2016 年上旬，我国网络用户每周平均上线时长达 26.5 小时。随着网民的增多，电子商务应用的不断发展，包括网上银行、移动支付、网上购物、互联网理财等互联网应用模式越来越受网民的青睐。上述报告显示，2015 年底，国内移动支付人群数量为 4.16 亿人，占总体网络用户数量的 60.5%。2016 年中期，移动支付人群数量已升至 4.55 亿人，用户使用率达 64.1%，半年时间增加了 9.4%。可见，互联网技术正逐步改变着人们的支付习惯，移动支付日益作为大众支付的主要方式，甚至逐步形成依赖。将来外出的一些消费支出都可以通过掌上实现。

3. 网民的网络使用需求推进项目筹资方式的革新

微博、微信等社交平台的广泛应用，使融资项目的线上展示更全面、更及时、更多样化。众筹平台对融资项目进行包装，通过图片、视频、漫画、歌曲等产品宣传，更容易为大众认知和了解。互联网强调信息共享，公益强调爱与平等，两者的有机结合使一些公益性强、创意性足、传播力广的项目在互联网平台赢得了越来越多的出资者支持。结合移动支付技术的推广，项目的筹资方式也因此从传统的线下筹资逐步转移到线上，从线下有限的辐射范围扩散到不受地域限制的全国各地。

（二）发展态势

虽然国内众筹融资平台起步较晚，但发展非常迅速。据世界银行《发展中国家众筹融资报告》（2014）数据显示，在 2013 年，中国众筹融资只有 1 家（不包括 P2P 网络借贷）；2016 年末，据零壹财经研究院《2016 年中国互联网众筹年度报告》数据，扣除问题及转型的平台，累积数为 337 家（中国电子商务研究中心统计的这一数据为 427 家）。其中，涉及股权众筹融资的平台有 156 家，产品预售众筹的平台有 75 家。这些众筹融资平台大多分布在北京、广东、上海等沿海经济发达地区。以 2016 年为例，北京地区众筹融资平台数为 65 家，广东地区为 56 家，上海地区为 45 家，山东为 62 家（但主题较为单一，58 家是汽车众筹）。2016 年，众筹融资交易金额超过 200 亿元，其中汽车众筹占比约 43%，2015 年刚开始发展，2016 年与其相比增长了 12.4 倍；股权众筹占比约 30%，交易金额约 65.5 亿元，而 2014 年交易额为 15 亿元；产品众筹占比约 25%，年增速为 107%，全年支持 3454 万人次；其他占比约 2%。

国内众筹融资平台发展迅速，风险也随之显现，体现在有经营问题的平台数量和转型做其他平台数量的快速上升。2013 年，有经营问题的平台数量只有 1 家，2016 年这一数据升至为 212 家，超过了当年（2016 年）新增的平台数量（193 家），如图 1-4 所示。这一数据背后还蕴藏着众筹融资平台的违规

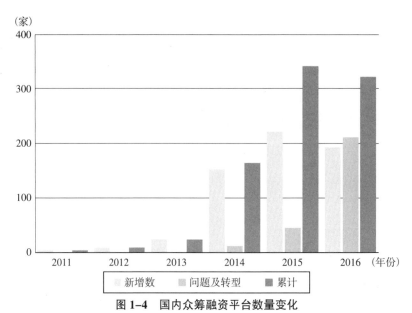

图 1-4　国内众筹融资平台数量变化

资料来源：零壹财经.中国互联网众筹年度报告［R］.武汉：华中新金融研究院，2016.

经营、职务欺诈、项目失败、法规政策等风险。

二、金融科技与众筹融资的融合

金融科技中所讨论的技术包括上文所述的大数据、云计算、人工智能、区块链，也包括 VR/AR 等任何在金融领域具有想象空间和可行性的新兴技术。尽管金融科技和众筹融资存在一定的区别，但人工智能、区块链、VR/AR 在股权型众筹融资中已经开始逐渐应用。

(一) 人工智能

众筹融资是初创企业和小微企业的融资方式之一。项目的估值是核心内容。在传统的股权型众筹融资平台的运作当中，对某一项目的可投性进行分析时，会选取不同的要素指标，比如财务报表等，并赋予这些要素指标一定的权重进行分析得出结果。人工智能尤其是机器学习在项目的融资定价估值这一环节存在天然的技术优势，人工智能通过程序设计对不同要素、项目数据进行分析，可以有效地形成行业分析和项目估值，提升一级市场的股权融资效率。

从产品研发方面看，人工智能基于大数据信息，进行金融建模分析，能够对行业趋势产生一定的预测效应，为股权型众筹融资平台的项目选择提供参考；从项目估值定价方面来看，人工智能可以通过对不同要素和项目中的特有因子等设定算法，实现对项目的合理定价与矫正分析；从后续服务方面看，人工智能能成为投后管理工具中的一部分，行业分析可以帮助创业者了解行业、公司和产品，避免盲目扩张。

(二) 区块链

区块链技术在股权型众筹融资中的作用主要体现在股权交易市场的机制优

化方面。区块链是一种交易验证和数据共享技术，可以使彼此之间没有建立传统信任关系的经济主体达成合作。区块链采用分布式结构，无需通过中央权威机构，运用算法建立信任。区块链上的区块信息承载功能，不仅可以记录、存储和传播所有权变更信息，在事后管理、监管细则方面做到可追溯，有效解决由信息不对称引起的道德风险和逆向选择问题；而且每个节点都有一个完全相同的区块链副本，任一节点的损坏都不影响其他节点和整个网络，使全部交易的历史信息可查，便于核验金融机构运行是否合规。这些特征决定了区块链在股权交易后清算、结算、保管方面有着重要的作用，交易标的可以变成编码通过区块链进行传输。

国内、国外针对区块链在股权后交易市场中的运用已处在实践探索阶段，2016年10月，中国证券登记结算有限公司与俄罗斯国家证券存管公司（NSD）签署合作备忘录，表示将展开"交易后领域"区块链应用的合作。美国的证券结算制度是"T+3"，运用区块链可以使结算时间缩减至以分钟为单位计算，做到实时交割，有效降低结算时间和风险。美国的比特币公司Chain与NASDAQ推出私募股权市场交易平台Linq，该平台通过区块链进行数字化证券产品管理，适用于私人公司阶段，Linq用于公司在公开发行股票前的股份交易过程中的发行、登记和结算管理。

交易后结算系统探索应用于金融领域的一个重要原因在于，股票已经数字化，如何在不同的系统中安全高效流转是行业的痛点所在。另一个普遍的现象是，全球范围内对其进行应用探索时均是基于某一特定范围内并基于某一特定目的，对原有系统的一种改良和效率的提升。例如，原有的澳大利亚证券交易所采用"T+2"的结算机制，从世界范围来看，已经处在较为高效和低风险的行列。澳大利亚证券交易所探索利用区块链升级证券结算系统，澳大利亚证券交易所选择与Digital Asset合作并计划于2017年底完成交易后系统的基础设施建设。在探索利用区块链技术升级证券结算系统的过程中，澳大利亚证券交

易所仍只将其作为一种改善数据存储、交换的底层技术，它的运作将在私有的安全的可控领域内进行，而非完全公开化。

（三）VR/AR

在现阶段股权型众筹融资平台中，以互联网非公开股权融资为主。项目的融资阶段由多次路演构成，VR/AR 通过线上连接不同投资人，使项目方、投资人能身临其境地进行与真实场景无差别的交流会议，从空间上取得便利，并使参会人的时间能够合理灵活地安排。市场上已经有平台开始了类似的尝试，36Kr 推出过线上路演机制，将线下的形式在线上进行，虽然从技术角度看，并不属于严格的 VR/AR 应用，但 VR/AR 技术的成熟可以很好地契合路演场景，减少相应成本并建立起新型的路演机制。

三、深入发展的基础条件

尽管众筹融资有上述发展态势，但其进一步完善仍严重依赖三个基础条件：一是可行的法律法规；二是互联网的充分覆盖和风险管理方法及技术的发展；三是完善的征信体系。

（一）法律环境

法律是金融市场运行的基础规则，法律制度的健全程度决定着金融的公平性和开放性，众筹融资制度需要建立公平有效的法律环境。构建有效的法律体系重在明确金融市场运行规则，对违反规则、造成风险的行为追究相应的法律责任。我国法律体系可谓全面，但在金融方面更表现为限制与约束，而不是开放与责任。一方面，导致金融供给有限、金融有效需求压抑、金融排斥屡见不鲜；另一方面，导致寻租腐败、非规范行为降低金融效率。因此，发展众筹融资制度应当提高金融市场参与程度、明确各主体的行为责任、提高信息披露水平、落实风险行为的法律责任。比如，股权型众筹融资实质上是企业（包括个体户）民间融资，对股权型众筹融资行为的规范，法律关注的重点在于企业融资的经营性行为与金融欺诈行为之间的区别。对于经营性行为的众筹融资，法律重点在于提高融资企业的信息透明度、约束杠杆率、提高风险管理能力、落实风险责任问题、确保融资契约的有效性；对于金融诈骗行为的众筹融资，法律的关注重点在于落实法律制裁和追讨非法所得。因此，推进侧重金融开放、机会公平与风险承担的法律法规建设，是众筹融资创新发展的制度基础。

（二）科技环境

众筹融资等互联网金融是以科技发展为基础的，它决定着众筹融资的系统风险和稳健情况。在网络数据和云计算等技术的支撑下，互联网金融中的网络贷款和众筹融资为资金需求者高效、便捷地获取资金提供了平台。众筹融资的深入发展还依赖于科技环境的进一步发展，主要体现在三个方面：一是计算机网络系统的稳定和安全，包括系统中断风险、交易信息保密风险、病毒入侵风险等；二是风险评估技术和信息的完善，出资者能够对投资项目进行比较准确的风险评估，包括大数据和云计算技术的发展、评估方法的发展；三是各部门数据网络的有效整合和个人信息的使用规则及法律责任。

（三）信用环境

众筹融资是以信用为前提的非面对面陌生人网上交易，良好的信用环境是众筹融资生存和发展的土壤。信用环境包括两个方面：一是市场上交易主体的信用意识，包括政府、企业、个人、金融机构等各个经济部门；二是真实的信用统计数据和准确的评估体系，这不仅指现有的机构信用评价体系、官方建设的征信数据体系、市场上的信用评级体系，而且还包括大数据下网络交易记

录、延期支付记录、社交网络记录等能反映主体信用实质的信用管理体系。不仅指众筹金融需求者的信用管理，而且还指众筹融资提供者的信用管理。否则，信用记录与评级就成为机构滥用的竞争手段，可能随意侵害金融消费者权益。

▶ 第四节 本章小结

第一，众筹融资是指企业或其他组织以互联网为平台发布融资项目，通过多人捐赠或债权、股权投资的形式筹集资金。

第二，众筹融资，特别是借贷型众筹融资和股权型众筹融资，是融资者（项目管理者）减少金融交易中间环节、直接与投资者进行资金融通的一种金融交易模式，是对现有直接融资体系的重要补充。

第三，国际上众筹融资主要有五种类型，分别是捐赠型众筹、预售型众筹、借贷型众筹、股权型众筹和产权型众筹，每种类型的众筹融资都有不同的市场定位。其中，具备较强金融功能的众筹是借贷型众筹和股权型众筹。

第四，中国众筹融资的科学发展还需要法律环境、科技环境、信用环境的进一步完善。

第二章 捐赠型众筹融资

本章提要: 本章主要讲解捐赠型众筹融资的类型特征,并通过国内外相关案例分析捐赠型众筹融资的运行机制。

▶ 第一节 概 述

一、捐赠型众筹融资的概念

捐赠型众筹融资是指出资者以无偿捐赠的方式对众筹项目进行无条件的资金支持,项目管理者实现筹资的目的。捐赠者(出资者)在这一过程中主要收获自身精神上的满足。在捐赠型众筹融资中,资金需求方通过融资平台向社会上的不定捐赠者发出融资项目,捐赠者通过向资金需求方在融资平台开设的专门账户转款进行资助;从本质上来看,一旦转款成功,双方的捐赠合同随即宣告成立,之后参与各方需遵循捐赠合同的相应条款履行自身的权利和义务。

捐赠型众筹融资在其捐赠过程中所形成的捐赠合同在法律意义上属于附条件的捐赠合同。该合同适用于《合同法》中对捐赠合同的相关规定,基本要点是：在捐赠型众筹融资中，合同的资金需求方在筹资时会被要求设立一个筹资的用途，如果捐赠合同生效，那么这个特定的资金用途将成为该合同的附加条款。资金需求方需按照此附加条款对该笔捐赠资金进行使用，一般会通过向平台提交图片和文字说明的形式来披露该笔资金的后续使用情况。如果资金需求方未履行附加条款中的相关义务，捐赠者可选择委托融资平台要求资金需求方履行义务，或者根据《合同法》第九十四条规定向法院申请法定解除该捐赠合同。捐赠合同一经撤销，资金需求方应返还其捐赠所得。特别指出，捐赠的属性是针对出资者（捐赠者）和项目管理者（资金需求者）双方而言，众筹融资平台依然会通过项目的进展程度和融资额扣取一定的中介费作为维持平台正常运行的资金来源。

二、捐赠型众筹融资的分类

（一）按照融资内容分类

按照融资的内容，捐赠型众筹主要分为募捐类捐赠众筹、公益类捐赠众筹和创业类捐赠众筹。

1. 募捐类捐赠众筹

当前，募捐类捐赠众筹在国内已经具有较大规模，而且发展迅速，不仅各大众筹网站、公益组织会发布各类的募捐信息，而且在我们日常生活中使用的各种社交网络里也常常有募捐类的信息。这类众筹的资金需求者通常是患有某种疾病而自身无力支付高昂医疗费用的个人。在这种类型的捐赠型众筹融资中，参与主体主要包括发起人、众筹平台和捐赠者。发起人一般是资金需求者的家人或朋友，他们负责将需要筹资的项目和相关资料提交给各类社交平台或专业的众筹平台，平台对发起人提交的项目资料进行审核，然后发布在自身的平台上，最后由捐赠者进行捐助。这类众筹相比于公益类捐赠众筹和创业类捐赠众筹更容易取得成功。然而，在发展的过程中，此类众筹产生的问题和争议

也最大。例如，由于平台的审核和监管不严导致"骗捐"事件频发，大大降低了捐赠者的热情和积极性。

2. 公益类捐赠众筹

公益的全称是公共利益事业，是社会中的个人或群体主动为社会服务，提供有益社会的公共产品。公益类捐赠众筹则是运用互联网技术来运营公益事业。公益类捐赠众筹与募捐类捐赠众筹的不同之处在于，后者用于自身个人的疾病或教育筹资，前者主要通过向捐赠者筹集资金来进行一项受益人不确定的广泛性公益活动，项目的发起者与这件事情里的受益方往往没有直接的关系，不是为了与项目发起者关系密切的个人，更多的是通过筹资项目引起社会对这类现象的关注。例如，给濒危动物建一个栖息地、为贫困山区的孩子购买图书或是为孤寡老人送去节日的祝福等。但是，这类众筹融资对发起人的公益精神要求相对较高，发起人一般是对公益性组织和对公益事业拥有极高热情的个人，因为发起人在项目运行的整个过程中一般是无偿性投入。

3. 创业类捐赠众筹

创业类捐赠众筹是指项目管理者通过众筹平台为自己的创业项目融资，出资者以无偿捐赠的方式对创业项目进行资助。2015 年 3 月 11 日，中国国务院办公厅印发了《关于发展众创空间推进大众创新创业的指导意见》，将"大众创业，万众创新"上升为国家战略。创业类捐赠众筹采用创新创业与"互联网+"相结合的新模式推动了创新创业的发展，也给广大筹资者开辟了一个新的募资渠道。

创业类捐赠众筹与一般的创业类众筹相比主要有以下特征：一是创业类的捐赠众筹所具有的捐赠属性决定了捐赠者相比于项目成功后所得到的回报更看重的是整个融资项目的意义，即"为发起人的梦想买单"。二是创业类捐赠众筹参与募资的内容多是由于种种原因没有实现市场化的优秀产品，或是进行科技创新并能形成巨大社会正效益的高技术产物。

与募捐类捐赠众筹和公益类捐赠众筹相比，创业类捐赠众筹的发展相对缓慢，这类捐赠型众筹融资既不像具有传统的募捐类捐赠和公益类捐赠那样受人关注，也没有像传统创业类众筹那样丰厚的回报，同时筹集资金的难度也远高于其他两类捐赠型众筹融资。所以，这种方式要求项目的发起者对项目的意义、策划、募资和最终的创业进行细致的描述，对最终募资的金额进行反复揣度，对项目的建设和资金的使用情况做翔实的规划，让捐赠者看到项目的意义，以及了解项目可能成功的概率。如果其中任何一个环节出现纰漏，都有可能导致项目融资失败，影响其自身的发展。

(二) 按照发起人分类

按照发起人的不同，捐赠型众筹主要分为：机构主导类捐赠众筹与个人发起类捐赠众筹。

1. 机构主导类捐赠众筹

机构主导的捐赠众筹的主要特征为融资项目的发起人是公益机构。此类众筹融资的方式主要有两种：一是公益机构在自己的网站上发布公益项目并设立专门的捐赠账户吸引捐赠者捐款，然后由公益组织将募集资金用于该公益项目的使用。此类型的代表性平台如中国红十字会。二是公益机构向互联网融资平台提交项目，由平台审核后将该项目发布在互联网融资平台上，之后捐赠者通过平台向该项目提供资金援助，最后再由公益组织将捐赠资金用于该公益项目。这种类型的代表性平台如腾讯公益和网易公益等。

2. 个人发起类捐赠众筹

个人发起的捐赠型众筹与机构主导的捐赠型众筹的区别在于，融资项目的发起人是个人或非公益性质团体组织。这类融资的发起人往往都有自己的事业，并对公益事业充满热情、不计回报。如今这种类型的众筹方式已经十分普遍，各大众筹网站都可以看到这种类型的融资项目，同时这也为非专业性、想

要为公益事业做出贡献的个人提供了新的渠道。

（三）按照项目回报分类

按照捐赠者在项目结束后有无回报，捐赠型众筹主要分为：无回报类捐赠型众筹和有回报类捐赠型众筹。

1. 无回报类捐赠型众筹

无回报类捐赠型众筹是指捐赠者无偿地对所众筹的项目进行支持，并且在项目完成之后没有任何回报。早期的捐赠型众筹多是以这种方式进行的，但随着捐赠型众筹的发展，这种捐赠型众筹融资的方式正逐步被有回报类捐赠型众筹取代。

2. 有回报类捐赠型众筹

与无回报类捐赠型众筹相比，有回报类捐赠型众筹的资金需求方在项目完成后，根据捐赠者捐赠资金额的不同而设立相应的回报。例如，在京东众筹上筹资成功的《圆山里小艺术家的北京展演梦》项目中，对捐赠者的捐赠额设立了 7 个档次：捐赠 1 元、50 元、100 元、200 元、1000 元、10000 元、50000元。每个档次将会得到不同的回报，并且回报的内容一般是大捐赠额的回报内容包含有小捐赠额的回报内容。同时，这种类型众筹相比于无回报类捐赠众筹更能使捐赠者感受到自己的付出，提高捐赠的积极性。所以，现在大部分的捐赠型众筹项目都设立了相应的回报。

三、捐赠型众筹融资的发展现状

（一）国外代表性平台及发展情况

根据成立时间和交易规模，在此选择三家国外代表性捐赠型众筹融资平台，介绍其发展情况。

DonorsChoose 是国外第一家从事捐赠型众筹融资的互联网融资平台。2000

年，DonorsChoose 的创办人查尔斯·贝斯特（Charles Best）感到公立学校教师的需求与其所处社区的慈善潜力之间存在脱节，于是在他的教室中创办了 DonorsChoose.org 这个线上教育平台。该平台专注于为公办院校老师设计课程与筹集资金，例如，为课程采购实验器材，或者为学生提供外出实践的机会等。老师能够在 DonorsChoose 上为与教学相关的需要向不定的捐赠者募集资金。网站按资金的用途为每个项目设有不一样的标签，并且项目下会列出捐款者的所有评论供之后的捐款者参考。据该平台官网披露，截至 2017 年 3 月，DonorsChoose 已向公众发布了 40 余万个融资项目，覆盖学生达 45000 名，有大约 7000 名捐赠者，已成功融资 1000 余个，募集了超过 2.25 亿美元的资金。

Crowdrise 创立于 2009 年，成立人是知名影星 Edward Norton 和编剧 Robert Wolfe，这个平台主要为公益活动提供专业的众筹服务。在当时，像 Kickstarter、IndieGoGo 等众筹平台发布的主要是商业性项目，而 Crowdrise 凭借为专业的公益机构提供网上募资得到了迅速的发展。Crowdrise 平台会从每笔捐款中提取 3%~5% 作为平台运行的维护费。据该平台官网披露，截至 2017 年 3 月，Crowdrise 平台已注册超过 150 万个专业的公益组织。

Firstgiving 主要为个人或机构成功实现网上募资而出谋划策。慈善机构能够通过 Firstgiving 制作宣传界面推送给其机构的支持者来进行宣传和募资，个人也能够通过 Firstgiving 制作一个筹资界面为个人或者机构进行筹资。通过这种方式，Firstgiving 已具有极大的影响力。据该平台官网披露，截至 2017 年 3 月，Firstgiving 上已有超过 8000 家注册机构，1300 万名网上捐赠者，融资金额超过 10 亿美元。

（二）国内发展

1. 国内捐赠型众筹融资总规模

据盈灿咨询《2017 年 1 月众筹行业报告》，截至 2016 年 12 月，在所有正

常经营的互联网众筹平台里，捐赠型融资众筹平台仅有 18 家，占所有正常运行的平台总数的 4.2%。2016 年，国内众筹融资平台上各融资项目总数增加 73380 个，捐赠型众筹融资项目总数增加 14598 个，占国内众筹项目增加总数的 19.98%；成功筹款额达 224.78 亿元，捐赠型众筹融资项目筹款 4.53 亿元，占国内筹款总数的 2.02%；出资者数为 1.095 亿人，捐赠型众筹融资项目在所有类型的众筹项目中出资者数最多，达 5478.82 万人，占总人数的 50.01%（见图 2-1 至图 2-4）。

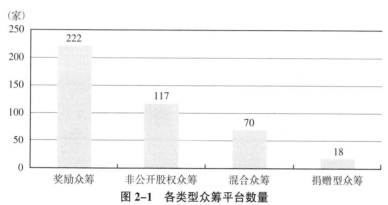

图 2-1　各类型众筹平台数量

资料来源：盈灿咨询. 2017 年 1 月众筹行业报告 ［R］. http://www.zczj.com/column/2017-02-04/content_10684.html，2017.

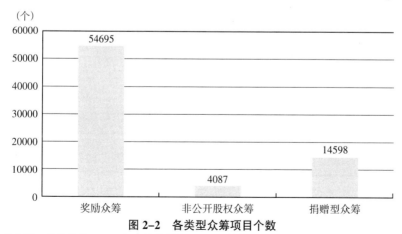

图 2-2　各类型众筹项目个数

资料来源：盈灿咨询. 2017 年 1 月众筹行业报告 ［R］. http://www.zczj.com/column/2017-02-04/content_10684.html，2017.

29

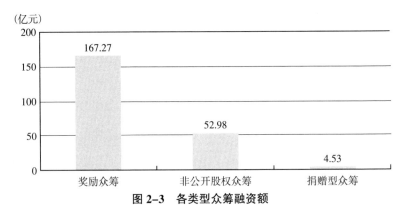

图2-3 各类型众筹融资额

资料来源：盈灿咨询. 2017年1月众筹行业报告 ［R］. http：//www.zczj.com/column/2017-02-04/content_10684.html，2017.

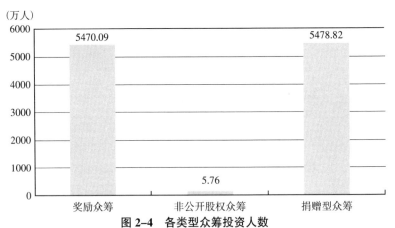

图2-4 各类型众筹投资人数

资料来源：盈灿咨询. 2017年1月众筹行业报告 ［R］. http：//www.zczj.com/column/2017-02-04/content_10684.html，2017.

2. 国内捐赠型众筹融资平台发展现状

根据互联网金融创新及监管四川省协同创新中心《2014年中国公益众筹研究报告》统计数据，全年国内捐赠型众筹筹资总额超过1272万元，众筹成功的项目共299个。其中，淘宝众筹筹集资金约524.79万元，占41%；众筹网筹集资金约500.82万元，占39%。其余平台依次为追梦网（153.90万元）、青橘众筹（42.88万元）、京东众筹（42.35万元）等。到2015年，捐赠型众筹成

功项目实现突破性增长，全年众筹成功项目达 873 个，增长率为 192%，筹集资金总额为 3432.7 万元。支持的网民从 2014 年的 35.7 万人增加至 60 万人。虽然捐赠型众筹融资的金额当前只占全国慈善总收入的一小部分，但是发展迅速，必将为众多公益项目，特别是小微型项目得到有效的融资提供便利。据网贷之家 2017 年 1 月公布的《2017 年 1 月全国众筹行业月报》数据，2017 年 1 月我国众筹行业融资项目总共增加 4739 个，捐赠型众筹融资增加 1469 个，占 31%，筹集资金总额为 0.38 亿元。各类型众筹项目中，捐赠型众筹融资出资者人次最多，达 264.75 万人次，占总支持人数的 53.66%。从这些数据我们可以看到，捐赠型众筹市场的发展越来越快，数据呈翻倍甚至翻数倍增长，其规模在逐步壮大。

3. 国内捐赠型众筹融资平台建设情况

2011 年，我国第一家互联网众筹平台"点名时间"成立，标志着网络众筹在我国产生。但直到 2014 年，捐赠型众筹融资平台才逐步成熟起来。一些主要的捐赠型众筹平台上线时间如表 2-1 所示。

表 2-1 主要捐赠型众筹平台上线时间

上线时间	上线平台名称
2011 年 7 月	点名时间
2011 年 9 月	追梦网（国内首家支持公益类项目的众筹网站）
2013 年 2 月	众筹网
2013 年 7 月	创意鼓（国内首家专业工艺众筹平台）
2013 年 10 月	中国梦网
2013 年 12 月	淘星愿（现更名为淘宝众筹）
2014 年 3 月	积善之家
2014 年 4 月	新公益
2014 年 7 月	京东众筹
2015 年 4 月	苏宁众筹
2015 年 6 月	绿动未来

资料来源：作者根据各网站简介整理。

上述捐赠型众筹融资平台主要有两类：一类是综合型的捐赠型众筹平台，这类平台除了可以发起一般的捐赠型众筹融资项目外，还可以发起其他类型的众筹，如智能硬件、生活美学、文化出行等。其代表性平台主要为众筹网、淘宝众筹、京东众筹、苏宁众筹等。这种类型平台的主要特点是平台功能多样，而且借助其强大的线上线下宣传渠道、对商业运作手法的熟悉，以及原来积累的互联网运作基础，使得捐赠型融资项目能得到更为广泛的传播，也更容易获得网民的信任。另一类是专业型的捐赠型众筹融资平台，其特点是重点做好某一领域的捐赠型项目众筹，如聚焦环保领域的众筹平台绿动未来。这种类型平台的优势是比较容易吸引关注该领域的专家或网民，众筹的内容分得更为精细，短板是比较难获得大规模的传播，会影响捐赠型项目众筹的成功率。

▶ 第二节　运行机制与特征

一、捐赠型众筹融资与商业众筹的区别

捐赠型众筹融资是捐赠者没有索取报酬意图地对筹资人发布的项目和活动进行的投资。这种类型的融资模式运作方式简单，在网络上广为流行。除捐赠型众筹融资体现捐赠者的一种"无私奉献"的精神以外，其余众筹融资类型的投资者都对自己投入该项目的资金要求相应的报酬。比如，借贷型众筹融资要求每月固定的利息并到期还本，权益型众筹要求的是项目股权，预售型众筹则是该项目结束后生产的产品。具体来说，捐赠型众筹融资与传统商业性众筹方式的区别在于：

一是目的不同。商业性众筹更多地强调回报，不论项目管理者还是出资者，其目的都是获取与所承担风险相对等的报酬，成就经济上的共赢。相比而

言，捐赠型众筹融资的项目本身多具有较强的社会正效应，募资人发布该项目的本质，并未着眼于本身的利益，更多的是为推动社会环境朝着更加阳光、美好的方向发展而做出自己的贡献，使项目本身面临的状况得到改善，让相应的个人和群体得到援助。因而，捐赠型众筹关注事件本身，而商业性众筹重视利益的回报。

二是回报方式不同。商业性众筹拥有很强的商业特点，项目管理者一旦通过平台完成募资，就表明该项目很受关注，项目的可行性很强，投资者普遍认为项目具有较广的盈利空间。捐赠型众筹融资侧重其捐赠属性，众筹项目不一定具备较高的收益回报，不管是项目管理者或是捐赠者对项目结果都不抱有经济上的期许，即使项目管理者在项目结束时有可能提供项目回报，但回报的公益性远胜于经济性。项目管理者最终设立的报酬通常是一些对捐赠者表达感激之情的明信片或是富有公益特色的创意类产品。

三是众筹阈值不同。通常来说，商业性的众筹平台在项目刚发布时会要求项目管理者设立一个预计的募资总额，即阈值机制。假如没有实现预期的结果，众筹平台就会将前期所募集的资金全部退还到捐赠者的账户上去；假如预期总额募集完成，则众筹平台将筹集的资金划转到项目管理者的账户中，同时在平台上宣告项目融资成功。一方面，没有募集到足额的资金，项目本身也就不能实现；另一方面，一个项目投入过多（项目投资"过"多，超过了合理使用的金额）则会降低资金的使用效率，不仅提高项目成本，而且会减少投资者的投资收益。因而，阈值机制的设立显得至关重要，但大多数情况下，项目募资是允许超过阈值的，这也取决于项目的内容和运营能力。捐赠型众筹的募资完成率远不及商业性众筹，从某种角度来讲，不管设定阈值是否完成，已筹集的资金将用于项目，而不必退还给投资者。

总体来讲，捐赠型众筹融资是以互联网平台为依托向社会公众筹集资金，所筹资金用于公益捐赠，未来不期望有任何收益回报的一种筹集资金的方式。

因此，公益活动在一定程度上含有众筹的影子，公益项目的主要特点也就是筹集大众的资金，无条件地去资助某个特定的人或某件有意义的事。因而，公益行动所带来的社会聚合度与影响力可以与众筹进行完美的融合，这也从另一个角度证明了将众筹模式应用于公益活动中的可行性。

二、捐赠型众筹融资的一般模式

捐赠型众筹同其他类型众筹融资相似，主要由资金需求方（即项目管理者）、互联网众筹平台、捐赠者三个要素构成。同时三者又互相制约、互有联系。

首先，资金的需求方在项目募资开始之前要有一个合法的、合理的、具体的融资项目，整个项目有一套成熟的框架，并且在实际的运行过程中要具有可操作性；其次，在项目的各方面都准备就绪之后，资金需求方将该项目交由众筹平台审核；最后，捐赠者通过浏览资金需求方发布在众筹平台上的宣传资料，对该项目进行详细的了解后决定是否对该项目予以捐赠。

在整个过程中，资金需求方发布的融资项目需要有相应的限制，即必须是合法的、合理的。同时，资金需求方要与互联网众筹平台签署相应的合同，明确在本次募资过程中双方应该承担的责任和义务。根据互联网众筹平台的不同，合同的内容也具有一定的差别，但是一般具有两个共同点：①资金需求方在项目募资结束后须向平台支付一定的服务费用，并且具有项目的自主权；②互联网众筹平台须对其平台上的融资过程提供基本的技术支持，并且对募资网页进行及时的更新和维护。

众筹融资平台要对资金需求方的资质做出认真仔细的审核，同时对资金需求方提交的项目资料进行核查，且对项目资料的真实性负相应的法律责任。当该项目募资成功之后，众筹融资平台有义务对项目的进展情况进行监督，对项目的实施过程进行持续的跟踪并将项目信息通过自身平台及时反馈给捐赠者。

若资金需求方没有将资金用于指定用途，众筹平台须代捐赠者责令其改正；拒不改正者，平台可代捐赠者向法院提起诉讼请求。

其中，值得关注的是，一些创业类捐赠项目如果没有达到预定的募资金额，就意味着创业项目的众筹融资活动的失败，平台将第三方存管的募集资金退还给捐赠者，或督促资金需求方把已募集的资金退还给捐赠者。捐赠型众筹融资的一般运行方式概括为图 2-5。

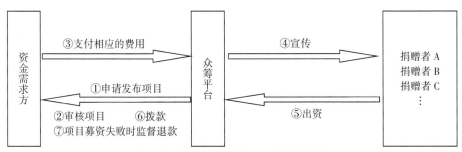

图 2-5　捐赠型众筹商业运行模式流程
资料来源：作者根据捐赠型众筹融资机制绘制。

三、捐赠型众筹融资的基本特征

早期的捐赠型众筹很少以获得利益为目的，目前的各种公益活动也多采用捐赠型众筹方式来吸纳资金。捐赠型众筹与传统的捐赠相比具有巨大的区别，主要体现在下列四个方面：

（一）捐赠者参与的广泛性

捐赠型众筹无进入壁垒，普通大众都可以参与，具有充分的广泛性。

（二）资金需求方的广泛性

传统意义上的捐赠通常对项目发布者的资历有严格的限制，最终项目的设立也是由专业的慈善机构和公益组织来进行的。而捐赠型众筹不具有这么高的硬性条件，只要有一颗热爱公益事业的心，任何组织和个人均可开展捐赠型众筹项目的募资活动，参与发布项目的资金需求方更为广泛。

（三）逐渐表现出低额的回报性

从目前的发展来看，捐赠型众筹对捐赠者来说不再是无私地付出，除了能收获心灵上的满足之外，项目的发布者也设立相应的报酬。当然，这类报酬的经济性无法同商业性众筹的回报相比。

（四）能够增强社会凝聚力

捐赠型众筹在实现公益募资的同时可以凝聚社会关系，增强公益活动的凝聚力，使更多的人融入到慈善事业中来，产生巨大的社会正能量。

四、捐赠型众筹融资的社会作用

捐赠型众筹融资迅速发展，对推进社会运行发挥了积极作用。

（一）降低公众参与门槛，为公众参与公共事务开辟新的渠道

如今，社会公众不单单限于"遵守公共秩序，遵守社会公德"这样的基本义务，同时也越来越乐于更多地肩负提升社会公共服务的责任，捐赠型众筹融资平台为素未谋面的人群搭建了一个聚合的平台，让分布在不同地域的公众联系在了一起，构成了一个网络空间中的集合体，从而有利于人们利用正在进行的互联网变革带来的影响，为公众参与公共事务开辟了新的渠道。捐赠型众筹融资平台因其门槛低和参与方式便利的特点，更能够促进公众参与的积极性，培养正面、乐观的社会价值观。

（二）提高社会凝聚力，加强社会公众互助

捐赠型众筹融资更好地实现了公众的聚合，使人们形成一个临时团队，为达成一个共同的目标迅速地行动。在整个流程里，公众愿为社会公共服务的实现而提供资金，同时社会凝聚力也相应地提高。弗朗西斯·福山[①]（2001）所说的"自发社交能力"在这里被充分体现，"在所有现代社会，组织的创立、破坏、修正都是频繁发生的事情，但最有价值的社会资本，一般来说并不是那种在传统社群或团体中工作的能力，而是结合成新社团，并在新的框架中合作的能力；而这类新的团体，通常都是由工业社会复杂的劳动分工所推动，并以共享的价值而非契约为基础，用埃米尔·涂尔干的话来说可以算是'有机的团结'"。

（三）让公共事务的解决回归个人本身

传统公益项目的发起主要是通过基金会或大型慈善机构，而捐赠型众筹融资可由个人或非公益性质团体组织发出，在整个过程中公众的个人身份得以强调，不再是以往对社会服务单纯地进行消费的角色。捐赠型众筹融资平台提供了一个崭新的社会聚合形式，其影响方式和组织结构产生了巨大的改变。

（四）培养集体观念，提升个人参与公共事务的意愿

在社团活动中，人们的相互交流和共同努力会形成一项关键的社会性产物：同胞之情和社会责任感。捐赠型众筹融资通过建造一个网络虚拟社区把不同地域、不同民族的社会民众汇聚一堂，让每个人都亲自参与到社会公共事务中来。整个参与的过程也相当于一个培养公民社会责任感和集体意识的过程，随着参与的深入，民众自愿参加公共事务的意愿得到提升，社会责任意识得以加强，集体观念得到提高。

---

① 弗朗西斯·福山. 信任：社会美德与创造经济繁荣 [M]. 海南：海南出版社，2001.

▶ 第三节　案例分析

——雅安乡村教师培训计划

一、项目名称

京东众筹项目：雅安乡村教师培训计划。

二、项目目的

本次项目由爱艺基金发起，组织震区青年骨干教师进行培训，帮助雅安市中里镇 5 所乡村小学的 10 位骨干教师提升教学能力。经过培训，10 位骨干教师将转赴雅安各乡村小学，学以致用，在暑期为孩子举办精彩多样的夏令营，开学后为上千名小学生带来全新的授课模式，打破落后的填鸭式、任务式的教学方法，持续推动当地教育发展。众筹目标金额：10000 元。

三、项目内容

本次培训的理念来源于大卫·库伯的体验式学习理论。通过构建一个体验式学习模型，10 位参加培训的教师依次进行"实际经历体验—发表质疑—观察反思—概念形成—新环境概念测试—新经历体验"的循环活动。在培训中，有较强教学理论、数年参与国培计划、北京重点小学的一线教师，根据教学经验和先进教学理念，结合乡村教师的特点和团队需要，设计多样的教学活动，如故事叙述、美术游戏、仿真练习、探究式学习、头脑风暴、团队学习等，加强青年教师授课形式的活泼性和研究性，引领雅安青年教师尝试激发孩子们主动思考的能力。

四、项目流程

本次项目运行的主要流程：2015 年 7 月，雅安中里镇的 10 位青年骨干教师赴京参加体验式培训，之后 10 位骨干教师转赴乡村小学，为当地小学生 500 余人提供专业的夏令营课程；2015 年 9~10 月，新学期伊始，10 位骨干教师正式组成学习小组，并通过每月不少于一次的线上或线下主题式讨论交流，巩固并持续提高教学水平；2015 年 10~12 月，10 位骨干教师带动 60 位其他教师，推动雅安市中里镇整体教学水平持续提升，让 1000 多名雅安乡村学生受益终生。

五、项目成果

2015 年 8 月 25 日众筹完成，筹集资金 28779 元，帮助雅安青年骨干教师完成教育培训。

▶ 第四节　本章小结

第一，捐赠型众筹融资概念：捐赠型众筹是捐赠者对发布在众筹平台上的特定融资项目无条件地进行资金支持，并希望该项目获得成功。

第二，捐赠型众筹融资的分类：按照融资的内容，捐赠型众筹主要分为募捐类捐赠型众筹、公益类捐赠型众筹和创业类捐赠型众筹；按照发起人的不同，捐赠型众筹主要分为机构主导类捐赠型众筹和个人发起类捐赠型众筹；按照捐赠者在项目结束后有无回报，捐赠型众筹主要分为有回报类捐赠型众筹和无回报类捐赠型众筹。

第三，捐赠型众筹融资与一般商业性众筹融资的区别：捐赠型众筹融资的出发点带有很强的社会意义，主要使服务的群体或社会受益；捐赠型众筹融资只是单纯的捐赠行为不计回报，即使有回报也往往不在于金钱，而是诸如感谢信之类附有感情的事物；捐赠型众筹现如今的募资完成率还远不及商业性众筹，同时从某种角度来讲，不管设定阈值是否完成，已筹集的资金将用于项目，而不必退还给投资者。

第四，捐赠型众筹融资的基本特征：门槛较低，普通大众都可以参与；对发起人的资质要求不同；在吸纳资金的同时能够改善社会关系，增加公益事业的吸引力等。

第五，捐赠型众筹融资的社会作用：降低公众参与门槛，为公众参与公共事务开辟新的渠道；提高社会凝聚力，加强社会公众互助；让公共事务的解决回归个人本身；培养集体观念，提升个人参与公共事务的意愿等。

预售型众筹融资

第三章

本章提要： 本章主要介绍预售型众筹融资的含义、发展情况，讲解其运行机制与关键流程，分析其运行特点和所起的作用。

▶ 第一节　概　述

一、预售型众筹融资的概念

　　融资难是创业者面临的难题。当创业者同时具有好的想法和完成想法的能力时，如设计一款电子产品，依然会面临两个难题：一是市场上的消费者对于该款产品的购买意愿是否强烈具有不确定性；二是本身资金匮乏无法组织完成一定规模的生产。预售型众筹融资借助互联网技术为解决这两个难题提供了有效的解决方案。创业者通过在预售型众筹平台上展示自己独有的新颖想法，并设定相应的众筹期限与下限，设计好对应的回报方式，通过平台对产品进行宣传，与消费者进行互动，达到募集资金、降低风险、试探市场等目的。

　　准确来讲，预售型众筹又称回报众筹、产品众筹、实物众筹等，指的是网

络中不特定的消费者（出资者）预先将资金支付给项目管理者（筹款人）用以开发某种产品（或服务），待该产品（或服务）开始对外销售或已经具备对外销售的条件时，项目管理者按照约定将开发的产品（或服务）无偿或以低于成本的方式提供给出资者的一种众筹方式。与团购的区别在于，预售型众筹某种意义上是一种购买还未产生的产品（或服务）的行为。截至 2016 年，中国最为流行的众筹融资是预售型众筹，涉及智能硬件、农业、二手车、影视等各大领域，回报方式及种类繁多。对于不同金额的预购会提供不同级别的回报。

二、预售型众筹融资的起源及发展情况

（一）起源

ArtistShare 作为预售型众筹融资的鼻祖，也是整个互联网众筹行业的鼻祖，成立于 2003 年，平台创始人 Brian Camelio 创建这家公司时的想法是支持粉丝们资助唱片的生产过程，获得仅在互联网上销售的专辑；艺术家则可以在合同条款上获得更多的自主性。通过该网站"粉丝筹资"的方式，艺术家将筹得的资金用于自己的唱片制作，出资的粉丝们则可以观看艺术家录制唱片的整个过程，多数情况下，粉丝还可以观看"特别收录"的内容。

2005 年，ArtistShare 为新颖的原创唱片项目建立筹措资金的渠道，同时惠及艺术家和粉丝，这一富有创造力的全新商业模式受到了社会的广泛赞誉，并创造了一个坚定、忠诚的粉丝基地。同年，ArtistShare 的第一个粉丝筹资项目——美国作曲家 Maria Schneider 的专辑，同时获得了 4 项格莱美提名，并最终荣获"最佳大爵士乐团专辑"奖，成为首张获得格莱美奖项的纯线上销售专辑。截至 2015 年，ArtistShare 融资的项目已多次登上格莱美的颁奖台。

受 ArtistShare 的启发与影响，2005 年之后，各种类型的众筹平台开始如雨后春笋般纷纷出现，例如，IndieGoGo（2008 年）、Spot.Us（2008 年）、Pledge Music（2009 年）、Kickstarter（2009 年）、ToGather.Asia（2012 年）等。

根据 *Massolution Crowdfunding Industry 2015 Report* 的分析，2015 年全世界预售型众筹总金额达到 26.8 亿美元，相对于 2014 年增长了 84%。

（二）北美预售型众筹的发展状况

当前，国际上知名度最高、发展最为成熟的预售型众筹融资平台是美国的 Kickstarter 和 IndieGoGo。

1. Kickstarter

Kickstarter 于 2009 年 4 月在美国纽约成立，成立三个星期之后，成功为一位年轻的唱作人募集到发行音乐唱片的费用，用 Kickstarter 华裔创始人 Perry Chen 的话来说，这一天 Kickstarter 正式诞生了。目前，它已经成为全球声誉度最高的预售型众筹融资平台，致力于支持和激励创新性、创造性、创意性的活动，为具有创意方案的企业提供筹资服务，通过网络平台使潜在消费者的小额消费资金同有创造力的人进行项目创新的资金需求结合起来，以便创业者实现自身的梦想。Kickstarter 网站接收的创意性活动包括音乐及动画制作、网页设计、平面设计以及写作等有能力创造并影响他人的活动。

2015 年 9 月 22 日，Kickstarter 宣布重新改组为"公益公司"。创始人称，公司不再追求出售或上市，不再把公司的营利性作为评价公司成功的标准，而是如何更好地帮助创意变成现实，致力于扩大创造力带给世界的积极影响。据 Kickstarter 网站 2017 年 8 月 10 日公布的数据，截至 2017 年 6 月，Kickstarter 拥有 127 名员工，超过 1300 万名投资者参与了项目，累计筹资达 32 亿美元，为 129000 多个项目成功募集资金，其中有 200 多个项目的募集资金超过了 100 万美元，众筹成功率达 35.7%。

2. IndieGoGo

IndieGoGo 于 2008 年在旧金山成立，目标是成为大型而多元的投资公司。截至 2017 年 6 月，它是美国最大的国际化众筹融资平台。它致力于帮助人们实现他们认为重要的想法，移除创业者面临的各种障碍，使创业者面向国际参与者，展示他们的才华和激情，将创意的想法转化为现实的产品（From Concept to Market）。同样是帮助创业者从自身平台向大众推介项目，IndieGoGo 的首席执行官 David Mandelbrot 于 2016 年在旧金山年度科技大会上表明，IndieGoGo 早在 Kickstarter 上线之前就已经建立了自己的众筹平台，与 Kickstarter 相比，IndieGoGo 是个单纯的众筹平台，更加注重硬件创业者的全方位支持。IndieGoGo 网站具体归纳了与 Kickstarter 三个方面的差别（见表 3-1）：

表 3-1　IndieGoGo 与 Kickstarter 的比较

事项	具体内容	IndieGoGo	Kickstarter
合作伙伴与支持者（Partnerships & Support）	设计、原型制作与产品制造合作伙伴：通过创新项目，获得从最初设计到原型制作和产品制造的合作伙伴	是	否
	来自领先的合作伙伴的尖端科技：从对苹果支付网络的支持到与 Stripe 的整合，平台与领先的公司合作获得共赢	是	否
	诚信的合作伙伴：从专业合作伙伴获得协助	是	否
	零售合作伙伴：通过专门的零售合作伙伴（包括亚马逊和 Newegg）在主要电子商务平台上销售产品	是	否
	24 小时支持：从平台的团队获得全天候的支持	是	否
工具（Tools）	发起项目之前：在项目发起启动之前轻松捕获电子邮件地址	是	否
	股权众筹：从参加的社区募集资金，同时保持对公司的控制	是	否
	需求与市场领域：众筹活动结束后，持续建设社区	是	否
灵活性和覆盖面（Flexibility & Reach）	多元资金模式：即使未达到目标，可以选择保持筹集的资金	是	否
	开放的平台：没有申请或批准程序，为任何东西筹集资金	是	否
	全球性投资者平台：接受任何国家的投资	是	否
	全球性发起项目：发起项目来自全球的任何一个国家或地区	是	否

资料来源：根据 IndieGoGo 网站资料翻译。IndieGoGo. Three Reasons to Choose［EB/OL］.［2017-08-14］. Indiegogo.https：//grow.indiegogo.com/indiegogo-vs-kickstarter.

2015 年 12 月，IndieGoGo 的中国项目加速计划（China Pilot Program）在深圳首发，项目旨在发现更多优秀的中国早期智能硬件创业公司，并帮助它们进行海外市场推广。据 IndieGoGo 网站披露数据，截至 2017 年 8 月，

IndieGoGo 每个月有超过 1500 万人次的访问量，223 个国家和地区的投资者参与到 IndieGoGo 发布的众筹项目中，总筹资额超过 10 亿美元。

除此之外，北美还有专注音乐社区预售平台的 ZIIBRA，专注新闻报道定制的 Spot.Us 等。

（三）欧洲部分预售型众筹融资的发展情况

在欧洲，代表性的预售型众筹融资平台是英国的 Unbound 和法国的 Ulule。英国的 Unbound 于 2011 年成立，是世界上第一家众筹融资出版社。它们吸引读者和粉丝资助平台热捧的图书作家完成作品出版。Unbound 创造了一种全新而又互动性十足的出版模式。在 Unbound 众筹平台上，作家可以发布其将要撰写的作品并公布筹资需求，当筹资目标完成之后，作家才会开始下笔，而那些对作家投资的人则可以参与到整个作品的完成过程中，比如把主人公改成自己的名字等。截至 2017 年 1 月，来自世界各地的超过 11 万人参与了 Unbound 的图书出版项目，成功为 217 本书筹集了出版资金。

Ulule 成立于 2010 年 10 月，公司总部位于法国，发布的主要项目类型包括音乐、漫画、电影、慈善捐赠等。Ulule 对申请项目的审核较为严格，不仅会考察项目理念是否符合"集体利益"的标准，还会对项目进行帮助指导，因而其平台上众筹的成功率达到了 65%。准备精耕欧洲本土市场的 Ulule 平台官网并不提供英文界面，因为 Kickstarter 和 IndieGoGo 已经占据了使用英语的国家的市场，所以 Ulule 看重的是母语为非英语的国家的市场。Ulule 自成立以来，截至 2017 年 1 月，成功为 17064 个创新项目筹集资金，投资人来自 200 多个国家和地区。

（四）其他国家及地区预售型众筹融资的发展情况

在市场经济和金融体系较为发达的欧美地区之外，也出现了许多各具特色的众筹融资平台。例如，澳大利亚的 Pozible、新加坡的 ToGather.Asia、日本的 Campfire、中国香港的 ZaoZao、阿根廷的 Idea.me 等。

Pozible 是仅次于 Kickstarter 和 IndieGoGo 世界第三大预售众筹平台，总部位于澳大利亚墨尔本。2010 年，Pozible 创建于澳大利亚悉尼，创始人是中国人 Rick Chen（陈钢）和他的一位爱尔兰朋友，其最初的目的是为了帮助朋友自酿啤酒筹资。据 Pozible 网站数据，截至 2017 年 8 月，Pozible 发布了超过 12000 个项目，总筹资超过 5000 万澳元，投资人来自 105 个不同的国家，项目筹资成功率为 57%。

亚洲的第一家众筹网站是新加坡的 ToGather.Asia。它成立于 2012 年 7 月，主要筹资服务的项目位于新加坡及其周围地区。其运作流程与 Kickstarter 类似，项目创始人向平台提交需要筹资创意的项目，而平台负责对这些项目进行审核，投资人则通过提供一定的赞助资金获得项目所承诺的相应回报。

Campfire 是日本最大的预售型众筹平台，2011 年 1 月 14 日在东京成立，注册资本为 4.60 亿日元，总共有 50 名职员。其做法与多数预售型众筹一致，采取"All or Nothing"的方式，筹资成功平台收取 8% 的手续费。众筹金额下限为 1 万日元，设定时间为 1~80 天。

ZaoZao 是少有的将创意项目集中于时尚设计的预售型众筹平台。创始人蔡湘铃和吴诗婷两人源于对时尚的热爱而结识，2012 年合力创办了时尚设计众筹平台。这个新型的在线平台使时装设计师可以在网站上发布自己的作品从而吸引时尚爱好者对其投资，完成生产费用筹集。这个平台的优势在于，诸如服装、皮具等时尚产品是消费者的日常刚需，消费者决定了它能否投入生产，若设计品在规定的期限内达到预购人数目标，设计师就会将设计投入生产环节，再送到预购人的手上，否则就要下架。这是设计师与消费者的直接对话，可以实现生产者与消费者之间的有效互动，减少不必要的资源浪费。

Idea.me 于 2011 年在阿根廷成立，是南美最大的众筹平台，它将公司的发

展重心放在整个拉美地区，专注于创新和社会公益活动。2012 年，它收购了在南美最大的竞争对手——巴西的预售型众筹平台 Movere。Idea.me 发布的项目主要来自拉丁美洲地区和美国的拉丁裔人群。截至 2017 年 8 月，它在阿根廷、巴西、智利、哥伦比亚、墨西哥、乌拉圭和美国均可以使用。由于其拉丁美洲的本土背景，使它在拉丁美洲有庞大的受众。值得关注的是，它是世界上第一家可以使用比特币进行支付的众筹网站，它也接受几乎所有拉美地区和英语地区的本地货币。除此之外，Idea.me 允许两种筹资方式：一种是普通的"All or Nothing"，即未达到筹资金额项目将失败；另一种是弹性筹资，即未达到筹资金额也可以支取，但支取前，项目管理者要对资金使用规划重新做一份计划书。

（五）国内预售众筹融资平台的发展

预售型众筹融资平台在国内出现的时间较晚。2011 年 7 月成立的点名时间不仅是我国众筹模式的开端，也是我国第一家预售型众筹平台。平台创立初期，点名时间接受几乎所有类型的项目申请，涵盖了出版、影视、音乐、设计、科技，甚至公益、个人行为。2012 年初，半年的平台运行数据分析表明，其整体项目的支持率、转化率超过很多电商平台，单个项目筹集金额突破了50 万元。从此之后，点名时间逐渐吸引了业界的关注，众筹模式开始在中国迅速发展。

2012 年开始，点名时间开始深入智能硬件产业链之中，通过对上海、杭州、深圳等城市的实地调研，发现原来国内不再愿意做代工和贴牌等 OEM/ODM 的模式，很多人想创立自己的品牌。基于对市场的认识，点名时间从2013 年初开始逐渐将智能硬件领域作为发展的重心，非智能硬件类的项目于2013 年底彻底退出了点名时间。2014 年 8 月，点名时间宣布转型限时预售平台，从众筹平台转型智能硬件预售。2015 年下半年，点名时间称"想回归原汁原味的众筹",但没有引起太大的波澜。2016 年,点名时间被 91 金融收购。

2014 年,预售型众筹融资在国内火热起来,诸多电商巨头,如阿里巴巴、京东、苏宁等相继成立了淘宝众筹、京东众筹、苏宁众筹,加入到预售型众筹的竞争当中。除此之外,还有像开始众筹、众筹网、小米众筹等一系列众筹平台相继成立。预售型众筹发售的产品、筹资金额与参与人数都呈现爆发式增长。图 3-1 为我国近几年预售型众筹筹资规模。从 2013 年以前的 0.12 亿元增长到 2016 年的 56 亿元,每年的复合增长率超过 700%。2016 年,在监管日趋收紧的环境下,平台数量开始减少,存量平台(不包括经营有问题的平台①)的交易规模增加,全年成功筹资额达到 56.0 亿元,同比增长 107%。截至 2016年末,我国预售众筹累计筹款金额达到 86 亿元。

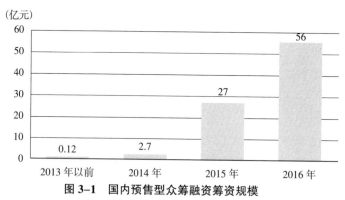

图 3-1 国内预售型众筹融资筹资规模

资料来源:零壹研究院. 2016 年中国互联网众筹报告〔R〕. http://www.01caijing.com/article/13744.htm,2016.

----

① 经营有问题的平台,主要是包括停业、提现困难、跑路、经侦介入(公安机关经济侦查部门介入调查或侦查)和转型的平台。

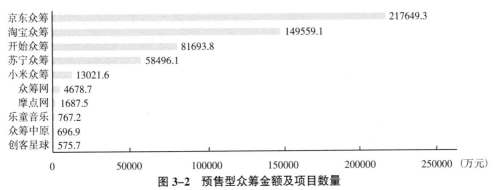

图 3-2　预售型众筹金额及项目数量

资料来源：零壹研究院. 2016 年中国互联网众筹报告 〔R〕. http://www.01caijing.com/article/13744.
htm，2016.

图 3-2 为 2016 年我国预售型众筹成功筹资额前十位的平台。其中，京东众筹以超 21 亿元的筹资额排名第一，淘宝众筹以 3882 个筹资项目成为筹资项目最多的平台。前五位的平台筹资额均超过 1 亿元，前十位的平台共筹资 52.88 亿元，占整个行业的 94.43%。

图 3-3 为我国 2012~2016 年预售型众筹支持人次。2014 年及以前预售型众筹累计支持人次超过 130 万人次；2015 年由于京东众筹、淘宝众筹和苏宁众筹等平台项目呈现爆发式增长，且自第二季度起普遍实行"一元抽奖型众

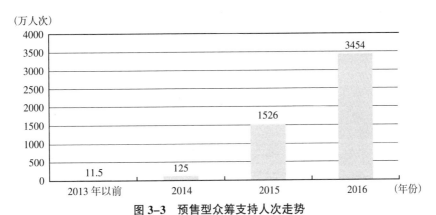

图 3-3　预售型众筹支持人次走势

资料来源：零壹研究院. 2016 年中国互联网众筹报告 〔R〕. http://www.01caijing.com/article/13744.
htm，2016.

筹"项目和梯度回报档位，全年众筹人次达到 1526 万人次，约为上年的 12.2 倍；2016 年总支持人次达到 3454 万人次。

▶ 第二节 主要类型

根据国内预售型众筹融资平台侧重发展的行业领域及融资标的特征，可将其主要细分为三种类型：科技类众筹融资、农业类众筹融资和影视文化类众筹融资。

一、科技类众筹融资

科技类众筹融资目前是预售型众筹的核心领域，其融资项目包括通信设备、智能硬件、数码产品、机器人等。科技类众筹融资满足了现阶段消费者对高科技事物的新鲜感，并且在价格和门槛上也非常大众化，慢慢成为中国高科技产品的风向标。2016 年，中国科技类众筹成功筹资额达到了 41.57 亿元（见图 3-4），超过 2015 年的 16.71 亿元。

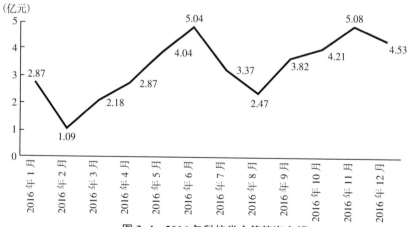

图 3-4 2016 年科技类众筹筹资金额

资料来源：盈灿咨询. 2017 年 1 月众筹行业报告 ［R］. http://www.zczj.com/column/2017-02-04/content_10684.html，2017.

二、农业类众筹融资

农业类众筹融资项目主要包括水果、坚果、蔬菜等农产品。农业类众筹融资是在农产品质量降低与消费质量需求提升、农产品产量与消费者需求量不一致、农户资金暂时性短缺等问题的影响下逐步发展起来的。近年来，中国农产品质量安全令人关注，在人们似乎对水果蔬菜农药超标问题习以为常的情况下，瘦肉精、地沟油、"毒大米"、"毒豆芽"、"僵尸肉"等农产品的质量安全事件层出不穷，让人们开始寻求健康安全的绿色食品。但是消费者普遍缺乏足够的专业知识辨别食品是否安全。同时，农产品生产规模不稳定，具有典型的"一拥而上、一哄而散"的零散小规模作业特征，形成农产品产量与消费需求规模不一致的问题。例如，最近几年陆续有贡梨滞销、油桃被倾倒、西瓜烂在田头等新闻爆出。同时，虽然国家出台了一系列农村贷款政策，缓解了农民融资难的问题，但其仍在一定程度上存在。因此，农业类众筹逐步得到了大众的认知和认可，它依托互联网的快速发展，充分展现了移动端的便捷性，有效降低了农产品销售中的信息不对称和食品安全隐患。2016 年中国农业类众筹金额达到了 3.91 亿元（见图 3-5），而 2015 年全年的筹资额只有 1.67 亿元。

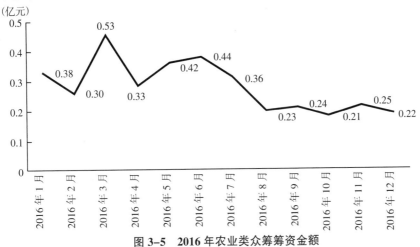

图 3-5　2016 年农业类众筹筹资金额

资料来源：盈灿咨询. 2017 年 1 月众筹行业报告 ［R］. http://www.zczj.com/column/2017-02-04/content_10684.html，2017.

三、影视文化类众筹融资

以电影、电视剧、著作、纪录片等影视文化为内容的融资项目在众筹融资平台上占有重要地位。根据资金运作流程，可简单分为互联网直接众筹融资、直接线下众筹融资和间接众筹融资三类。互联网直接众筹融资即融资项目完全通过线上众筹平台、线上筹集资金。直接线下众筹融资运营网站仅作为项目信息展示的平台，出资者只能通过线下渠道进行实际投资。间接众筹融资是通过投资与平台相关联公司（如信托、基金公司）开发的各类金融产品汇聚资金，而影视项目的众筹平台最终获得的资金由信托、基金等公司投放，此类代表如娱乐宝。

近年来，中国不少大片早期制作资金来源于互联网众筹融资，如《大圣归来》《叶问3》《道士下山》等。2015年全年及之前，中国影视文化类互联网直接众筹融资金额累计1.81亿元，2016年为2.99亿元（见图3-6）。如果算上直接线下众筹融资和间接众筹融资，影视文化类众筹成功的项目资金额度会更大。

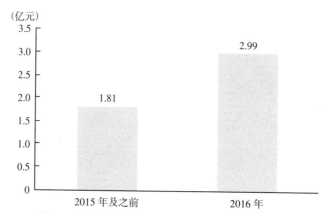

图3-6 影视文化类互联网直接众筹筹资额

资料来源：盈灿咨询. 2017年1月众筹行业报告［R］. http://www.zczj.com/column/2017-02-04/content_10684.html，2017.

影视文化类众筹的细分类别主要为院线电影、网络大电影、台播剧和网络

剧。2015 年，院线电影众筹是最主要的影视文化类众筹项目，筹资金额达 0.95 亿元，占据了半壁江山。而到了 2016 年，院线电影筹资金额下滑到 0.39 亿元；网络大电影成功筹资金额达 0.94 亿元，台播剧及网络剧同样占据了一定市场，筹资金额分别为 0.79 亿元和 0.62 亿元。

相比于传统院线电影需要长时间等待排片和受政策限制较大的劣势，网络电影和网络剧制作安排更为自由，题材也更为丰富，因此年轻观众和草根导演更加倾向于此类影视作品。特别是大热的 IP 剧如《盗墓笔记》《老九门》《余罪》等，都是网络大电影和网络剧的快速发展催生出的优秀作品。预测未来几年更多资本和参与者将加速进入这一类众筹领域。网络影视还会继续升温，不断在内容的广度和深度上拓展，可能会成为未来影视文化类众筹的主流。

▶ 第三节　运行机制与特征

预售型众筹融资的迅速发展与其有效的运行机制及流程特征存在重要关系，因此有必要了解其基本原理。

一、参与主体

预售型众筹融资的参与主体与其他类型众筹融资的参与主体相同，主要分为三类：项目管理者、众筹平台、出资者。项目管理者推出原创性项目，是项目的真实拥有人，组织形式包括个人和团体。项目形式包括高科技硬件、特色手工、健康绿色食品等。项目管理者统筹整个项目的管理，位于预售众筹链条的上游环节。众筹平台充当黏合项目管理者和出资者的角色，主要起到中间信息服务的作用。一方面，项目管理者向众筹平台提出项目筹资申请，向出资者发出筹资细节；另一方面，出资者通过众筹平台筛选合适或自身偏爱的众筹项

目，最终达到投资目的。项目出资者位于预售众筹链条的下游环节，决定着众筹项目最终的命运。只有在筹资环节达到目标资金下限的项目才会最终投入生产。对于预售类众筹而言，出资者也是众筹项目的消费者。

二、运作流程

预售型众筹融资项目一般要经历"项目账户创立—项目资质审核—项目审核—项目上线—项目启动"这一运作过程。在这一过程中，资金从出资者支付给项目管理者；创意、信息和产品按照约定时间由项目管理者返回给项目出资者。

项目账户创立：一般众筹平台都要求注册相关账户，方便同项目管理者联系，同时锁定客户。

项目资质审核：一般针对项目管理者的个人资质或公司资质进行合规、真实性审核。

项目审核：一般审核项目真实性、创新性等，同时要求项目管理者设置合理的筹资金额、时间、回报，大部分平台会提供专业建议及指导。

项目上线：一般指项目通过审核发布到平台网站进行宣传筹资的状态。

项目启动：项目管理者收到所有或部分筹资金额，按照发起计划进行生产并承诺将回报返还给众筹投资人。

我们以京东众筹为例，剖析预售类众筹项目的运作流程：①项目账户创立：项目管理者首先注册京东金融账户。②项目资质审核：按照网站发起流程，提交资质认证（包括个人和企业，个人发起实名认证需 30 天内完成，企业需要提供营业执照、开户行许可证、法人身份证正反面等）。资质审核时效一般为 2 个工作日，通过则转向项目经理。③项目审核：项目审核包括初审项目信息（包括筹资时间及金额、项目简介、回报设置等）和样品审核。项目经理进行初审，主要审核项目真实性、可行性和合理性。初审通过后，项目发起

方寄送样品审核。如通过，则安排上线对接。项目初审和样品审核的整个周期一般为 1~20 个工作日。④项目上线：成功通过两轮审核的项目随即进入京东众筹平台上线展示。上线后即进入到项目众筹环节，项目管理者以设立的筹资金额为下限目标进行项目资金筹集。⑤项目启动：项目在筹资期限内达到筹资目标下限即视为众筹成功，京东众筹平台收取 3% 的平台佣金。反之，则失败，出资者支付的众筹款项将原路退回，京东众筹平台不收取佣金。筹资成功后，平台将首款（筹资金额 – 平台佣金）×70% 发放给项目管理者启动项目，其余 30% 作为保证金。项目管理者完成约定回报，平台向其结算尾款。如未完成回报，平台将使用保证金对出资者进行补偿。具体如图 3-7 所示。

三、回报方式

预售型众筹融资的回报方式主要为实物产品，而且大多是项目出资者喜爱或是具有特别功能的产品。现阶段，国内的预售型众筹基本采用档位回报和"一元抽奖模式"进行回报。档位回报是指项目管理者会预先对项目产品设置对应的回报档位，产品生产出来以后，会根据之前出资者投入金额的档位，发送相应的产品。"一元抽奖模式"的流程是：项目管理者事先设置好需要筹集的金额并分成一元一份的份额，支持人需要实名购买，在约定项目完成以后，抽取 1 位或几位支持者发送产品。"一元抽奖模式"一般是项目管理者为本身已经存在的预售项目积聚人气，同时回报支持者。众筹支持者不限制"一元份额"的买入量，实质上将预售型众筹融资异化成了博彩性质的"以小博大"的赌博游戏。由于国家对此领域的监管尚未成型，诸多"一元抽奖"网站利用普通人的赌徒心理，一般通过高于该商品正常市场销售价格的众筹金额从中获利，更甚者直接在众筹抽奖中作假或邮递假冒伪劣产品，严重扰乱了预售型众筹市场。2017 年 8 月，国家互联网金融风险专项整治领导小组办公室发布规定，明确将网络"一元购"定性为变相赌博或者诈骗，并将对其展开新一轮整顿清

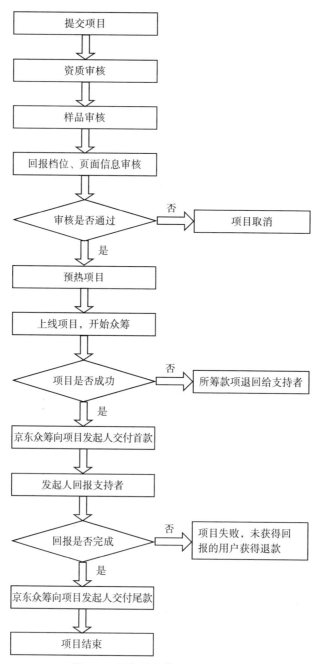

图 3—7 预售型众筹融资运作流程

资料来源：作者根据预售型众筹融资机制绘制。

理工作。对于利用"一元购"从事赌博活动或涉嫌诈骗的违规行为，依法予以打击处理。这对"一元抽奖模式"的规范具有重要作用。

四、基本特征

从预售型众筹融资的运作模式中，可以观察到项目管理者的生产规模是根据消费者需求进行调整的，同时预售产品（服务）通过预售平台的预热起到了非常好的广告效应。因而，预售型众筹有其自身独有的特点：

（一）独占性

独占性即某产品处于众筹阶段内时，整个项目推广、筹资、回报等环节只能在单一渠道进行，回报环节通过优惠的产品和服务价格对预售众筹参与者进行部分风险补偿，而通过商品的正常销售渠道，无法享受众筹环节里相同的产品回报或服务回报。

（二）资金下限性

资金下限性即只有募集的资金达到预先设置的资金规模下限，众筹项目才会正式启动，否则该项目即宣告失败。现在小部分众筹平台如 IndieGoGo 设置了弹性的资金筹集机制，在没有达到既定筹资规模的情况下也可以获得已筹款项（前提是项目管理者需要提交新的资金使用计划），但无疑也会增大资金的使用风险。

（三）预售性

预售性即出资者或消费者预先支付生产或服务资金，发起人获得众筹资金后才进行产品生产或服务准备前期，最终以一定商品或服务回报出资者或消费者。

（四）从消费者到企业（C2B）

从消费者到企业即出资者及消费者的购买意愿在筹资人按需组织生产之前明确。这是根本区别于普通预售模式和团购的特点，普通预售及团购模式更偏向于 B2C，即产品已经生产出来，再通过较高的折扣进行销售。预售型众筹的产品或服务在预售时并没有产生，而是根据消费者的需要进行生产，消费者的喜好决定了这项产品或服务是否能够实现。

五、社会意义

预售型众筹作为一种新兴的生产及消费方式，帮助项目管理者找到了一个新的筹资方式，刺激了消费者对于个性产品（服务）的需求，对推动社会发展创新起到了积极作用。

从项目管理者的角度看，可以起到整合社会资源、降低生产风险、节约社会资源的作用。第一，预售型众筹平台的运营核心在于通过塑造一个以消费者为中心的供需网络达到整合社会资源的目的。项目管理者一般会面临资金紧缺和资源不足的困境，通过平台发起众筹融资项目，可以通过观察众筹进展完成产品市场调研、路演推广和预售等一系列工作，检验市场需求，验证产品的市场潜力，进而推出产品。第二，如果项目不能筹资成功，证明产品或服务自身存在一定缺陷或者还未被市场认可，由于没有进行正式生产，项目管理者的风险和成本可以控制。

从出资者的角度看，可以提高消费参与感和满意度。出资者可以根据自身需求，在性能、外观设计等各方面要求发起人对其产品或服务进行改进、调试与完善，使之在极高的性价比上融合当下的时尚流行元素，成为出资者的私人定制。

从科技发展的角度看，可以促进草根科技的发展，营造活跃的社会创新氛围。对于有创意有激情的青年，最缺乏的就是资金支持和专家指导。众筹平台

刚好可以为其提供以上两项支持，有助于营造良好的创新创业氛围。

从文化的角度看，有助于推动创意文化市场化，使文化消费市场更为多元化。消费者可选择个性化的文化产品，整个社会拥有更加多元的文化消费市场，对于文化的留存与传播都有积极意义。

从社会经济发展的角度看，预售型众筹创造出新的消费热点和消费形式，带动整个社会消费升级，同时提供了更多的就业机会。消费者总是追求物美价廉、具有个性特征的产品及服务，预售众筹行业作为一个以消费者为中心的产业，能够提高消费者进行消费的意愿，对于整个社会经济结构转型有一定的促进作用。同时，新的行业形成意味着更多的就业机会，为有抱负有想法的人群提供了更多选择的机会。

▶ 第四节　案例分析
——电动车也能在众筹里称王

在 2015 年的中国预售众筹市场上，最成功的产品既不是智能手机、手表等潮流产品，也不是无人机等高科技产品，而是在我们生活中随处可见的电动车！2015 年 6 月 30 日，小牛 N1 电动车在京东众筹上以创纪录的 7200 万元众筹金额刷新了我国预售众筹筹资金额的纪录，而且不到 5 分钟的时间就达到了它当时的目标筹集金额——500 万元。

为什么一款电动车能在众筹市场上掀起如此大的波澜？首先，随着城市规模的扩大，电动车的普及率已经非常高了，市场前景广阔，但在这个市场中却缺乏高性能的产品。当时市面上流行的大多数品牌的电动车，其续航里程一般没有超过 60 公里，而且这一类电动车所用的电池性能普遍会在使用中快速下降。因此，小牛科技把握时机推出了小牛 N1 型号电动车，通过提高电池性能

减轻车身重量，让这款电动车的最大续航里程达到了 100 公里，满足了长距离骑行的要求。其次，在智能化细节上做足功夫，改善用户体验。小牛电动车在电动车传统的运载功能之外，加入手机 App 操控功能和车载 USB 插口充电功能等，新元素的加入极大地满足了年轻人使用智能设备的需求，提高了用户的体验。

我们有理由相信小牛电动车的成功会刺激预售众筹市场上越来越多的制造商从产品性能和用户体验出发，为消费者提供更高质量的产品和服务。

▶ 第五节　本章小结

第一，预售型众筹（又称产品众筹、实物众筹、回报众筹等），指的是网络中不特定的消费者（投资人）预先将资金支付给项目管理者（筹款人）用以开发某种产品（或服务），待该产品（或服务）开始对外销售或已经具备对外销售的条件时，项目管理者按照约定将开发的产品（或服务）无偿或以低于成本的方式提供给投资人的一种众筹方式。互联网预售型众筹平台起源于 2005 年在美国成立的 ArtistShare，最著名的是 Kickstarter 和 IndieGoGo。

第二，预售型众筹项目一般要经历"项目账户创立—项目资质审核—项目审核—项目上线—项目启动"这一运作过程。在这一过程中，出资者预先向项目管理者支付资金，项目管理者用创意、信息和产品回报出资者。截至 2017 年 6 月，国内的预售型众筹回报方式分为档位回报和"一元抽奖模式"进行回报。

第三，预售型众筹具有独占性、资金下限性、预售性及从消费者到企业的独有特点。

第四，预售型众筹在社会发展创新方面起到了积极作用，满足了企业与消费者双方的需求，同时刺激了科技文化市场的发展，推动了社会进步。

第四章 借贷型众筹融资

4 第四章

本章提要：本章主要在界定借贷型众筹融资基本概念及其发展背景的基础上，讲解借贷型众筹融资的运行机制和基本特征，分析此类众筹的主要风险，进而介绍风险管理方法，最后分析影响借贷型众筹利率的因素。

▶ 第一节 概 述

一、基本概念

借贷型众筹融资是指企业、个人或其他组织以互联网为平台发布融资项目，通过多人的货币借贷形式筹集资金，投资人得到与其投资额相应比例的债权，并在未来一段时间内陆续回收本金并获得利息收益。P2P（Pear to Pear）网络借贷是借贷型众筹融资的典型运行模式，本章对这两者不再做具体区分。

全球第一家 P2P 网贷平台 Zopa 诞生于 2005 年 3 月的伦敦，它由理查德·杜瓦、詹姆斯·亚历山大、萨拉·马休斯和大卫·尼克尔森这四位年轻人创办。之后，以 Zopa 为代表的借贷型众筹融资模式席卷欧美，其中最为出名的便是美国的 Prosper 和 Lending Club。美国《消费者信用保护法》明确将 P2P 网络借贷界定为民间借贷。我国由人民银行等十部门发布的《关于促进互联网金融健康发展的指导意见》，将网络借贷界定为互联网金融七大业态之一，在 P2P 网络借贷平台上发生的直接借贷行为属于民间借贷范畴，受银监会监管。

二、细分模式及代表介绍

国内外的 P2P 网贷模式可以分为三类：一是非营利公益型模式，国际上以 Kiva 为代表，国内以宜农贷为代表；二是单纯提供中介服务的标准型模式，国外以 Prosper 和 Lengding Club 为代表，国内以拍拍贷为代表；三是复合中介型模式，国外以 Zopa 为代表，国内以人人贷为代表。

（一）非营利公益型模式

Kiva 源于坦桑尼亚官方语言——斯瓦西里语，意为"成交"。非营利贷款机构 Kiva 只提供小额贷款，用户为发展中国家的资金需求者，其宗旨在于消除贫穷。Kiva 成立于 2005 年 10 月。最初，创始人马特·弗兰纳里仅仅是将一些需要启动资金从事小型农耕活动的贫困人群信息传递给周围的家人朋友，并发布在社交媒体上。随着其影响力的逐渐扩大，大型社交媒体转载了相关借款信息，使得贫困人群的小额借款需求很快得到满足。马特和网站其他成员认为依托互联网技术支持的借贷方式是可行的，于是首先同乌干达的一个小额贷款机构寻求合作，接着又将合作范围扩展到其他小额贷款机构，并将贷款申请人的资料发布在其网站上。截至 2016 年，Kiva 成功撮合来自 82 个国家的 230 余万个项目，出资者超过 160 万人次，总金额 9 亿多美元，还款率达到 97%，81%的贷款来自女性。

（二）仅提供中介服务的标准型模式

成立于 2006 年 2 月 5 日的 Prosper，是美国首家 P2P 网络借贷平台。Prosper 向借款人提供的借款额度为 2000~35000 美元，借款期限分为 3 年和 5 年两种，借款利率根据借款人的信用等级来确定。借款利率制定经历了两个阶段：2010 年以前，即 Prosper 1.0 时期，Prosper 采用拍卖模式制定借款利率；2010 年以后，即 Prosper 2.0 时期，Prosper 根据借款人的 Prosper 评级等确定借款利率。出资者（包括个人和机构）投资于同借款相关联的票据，最低投资资金份额为 25 美元。截至 2016 年，Prosper 累计撮合了超过 80 亿美元的贷款。

2007 年夏天，Lending Club 在美国洛杉矶成立，截至 2016 年累计撮合贷款 250 亿美元，是世界上最大的 P2P 网络借贷平台。个人借款额度为 1000~40000 美元，借款期限为 3 年及以上；商业借款额度为 5000~300000 美元，借款期限为 1~5 年。2014 年 12 月 12 日，Lending Club 登陆纽交所，成为世界上第一家上市的 P2P 网络借贷公司。

与 Prosper、Lending Club 类似，2007 年中国第一家纯线上 P2P 网络借贷平台拍拍贷正式成立时，所有交易只通过线上撮合。拍拍贷最初也采用 Prosper 的拍卖模式，而且不对出借损失进行补偿。随着国内 P2P 网络借贷行业竞争越发激烈，拍拍贷也开始提供补偿借款损失的产品。如在借款信息旁标有"赔"的借款标的（集中于低风险产品），当其发生逾期，拍拍贷会以质保服务专款账户的资金总额为限对投资人赔付本金与利息。

（三）复合中介型模式

Zopa 作为世界上第一家纯线上的 P2P 网络借贷平台，是复合中介型模式的代表。Zopa 积极参与到整个借款过程中，不仅提供展示借款信息的网络平台，还会负责整个交易中有关借款的所有事务，包括雇用代理机构追债。自 2005 年至今交易量超过 20 亿英镑，伦敦总部有超过 200 名员工，帮助了超过

230000 名借款人，平均借款额为 6600 英镑，有超过 59000 名活跃投资人，平均出资额为 11200 英镑。

2010 年，张适时、杨一夫和李欣贺共同创建了国内最早的 P2P 网络借贷平台之一——人人贷。人人贷不仅提供标准的信息中介服务，同时以质保专款对所有风险等级的借款标的本金进行担保，实际上已经深入参与了整个借款活动。2015 年 10 月，人人贷完成从单纯 P2P 网络借贷平台向综合理财平台的转型。截至 2017 年 6 月，累计交易金额超过 313 亿元。

三、国内情况

国内借贷型众筹融资主要体现为 P2P 网络借贷，基本经历了四个阶段：2009~2010 年的萌芽阶段、2011~2013 年的发展阶段、2014~2015 年的膨胀阶段和 2016 年以来的规范阶段。据网贷之家行业数据，2009 年全国此类平台数量只有几家，2010 年后一大批 P2P 网络借贷平台趁势如雨后春笋般成长壮大起来，比较知名的有人人贷、陆金所、红岭创投等。2015 年更是实现了爆发式的增长，全年新上线的 P2P 网络借贷平台达到了 2451 家，如图 4-1 所示。

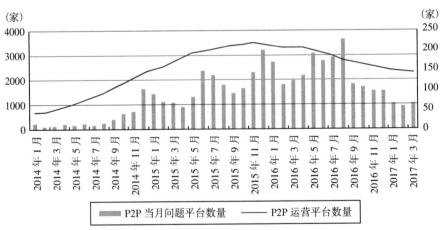

图 4-1 P2P 运营平台数量及问题平台变化

资料来源：网贷之家官方网站。

　　P2P网络借贷行业爆发式增产也带来了行业经营不规范、平台间恶性竞争等问题。随着风险的爆发和监管的规范，P2P网络借贷出现"优胜劣汰"的局势。网贷之家统计数据显示，2016年退出网络借贷领域的平台数量相比2015年大幅增加，全年累计发生停业跑路等问题的平台数量超过1700家。2015年及2016年，大量的经营不规范、抗风险能力较差的平台被淘汰，2017年第一季度问题平台数量明显减少。虽然P2P网络借贷行业经历了2015~2016年的调整，但依旧不减网络借贷投资者的参与热情。2016年全年P2P网络借贷行业成交金额达到了创纪录的20638.72亿元，相较于上年的成交金额（9823亿元）增幅超过了100%，如图4-2所示。

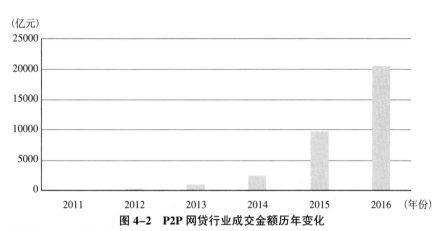

图4-2　P2P网贷行业成交金额历年变化

资料来源：网贷之家官方网站。

　　P2P网络借贷交易规模总体上表现出增长趋势。从2016年网络借贷行业月成交金额走势来看，除了2月、10月受到春节和国庆节假日的影响外，全年整体呈现持续增长的趋势。2016年，网络借贷月成交金额以平均5.15%的环比速度增长，增速相较于2015年有所放缓，这也反映了整个行业进入了一个相对平稳的发展阶段（见图4-3）。截至2016年12月，整个网络借贷行业贷款余额已经达到了8162.24亿元，相较于2015年增幅超过100%（见图4-4）。

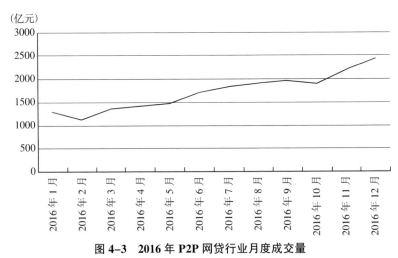

图 4-3　2016 年 P2P 网贷行业月度成交量

资料来源：网贷之家官方网站。

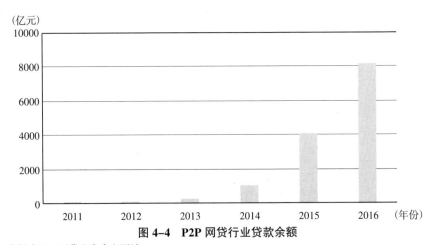

图 4-4　P2P 网贷行业贷款余额

资料来源：网贷之家官方网站。

　　P2P 网络借贷平均借款期限具有延长的趋势，但都在 36 个月以下。根据网贷之家统计数据，网络借贷行业 2015 年平均借款期限为 6.81 个月，2016 年小幅上升到 7.89 个月。其中，有 42.4% 的平台借款期限集中在 1~3 个月，所占比重最高，这一比例相较于 2015 年（45.41%）略微有所下降；有 34.56% 的平台借款期限集中在 3~6 个月；有 14.33% 的平台借款期限集中在 6~12 个月，

相较于上年（13.51%）有所升高。因此，合计有 76.96%的平台借款期限集中在 1~6 个月，主要为业务规模较小的中小平台（见图 4-5 和图 4-6）。

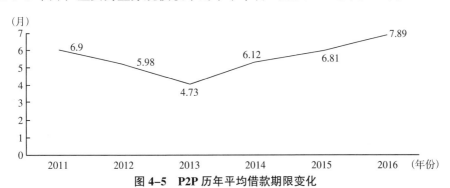

图 4-5　P2P 历年平均借款期限变化

资料来源：网贷之家官方网站。

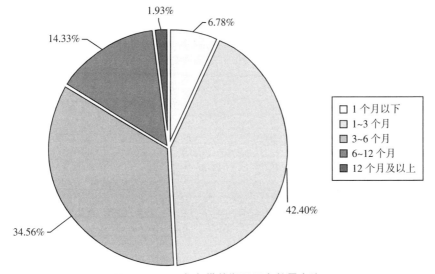

图 4-6　2016 年各借款期限平台数量占比

资料来源：网贷之家官方网站。

截至 2017 年 3 月，正常营运的 P2P 网络借贷平台数量达到了 2281 家，相较于 2015 年底减少了 1154 家。目前，正常运营平台数量维持逐级减少的走势，网贷行业已经逐步由"粗放发展"阶段迈向了"规范发展"阶段。

▶ 第二节　运行机制与特征

借贷型众筹融资的迅速发展依赖于其有效的运行机制。接下来，根据上节细分的三种模式，分别分析介绍其运行机理。P2P 网络借贷的主体主要为 P2P 网络借贷平台本身以及网络借贷的参与人、存管银行、担保机构等。

一、非营利公益性模式运行机制：以 Kiva 为例

Kiva 采取同世界各地小额贷款机构合作的运行机制。最初，各小额贷款机构通过实地调查等方式采集借款申请者的基本资料，然后将核实的信息发布在 Kiva 网站上。网站采取网上商店的形式，依照借款资金额度、借款期限以及借款利率等资料信息对申请者进行信用评级，同时发布借款申请者的详细信息，包括实地照片、资金使用计划等。一般情况下，这些申请者所需的金额集中在 25~500 美元。随后，投资人根据自身喜好与投资知识筛选借款对象并将资金划给 Kiva，Kiva 以免息或很低的利息将资金出借给对应的小额贷款机构，然后这类机构将低利率的贷款发放给投资人选定的借款人。依托网络向大众筹集闲余资金可以帮助小额贷款机构获得低成本甚至免费的资金来源，进而为贫困人群提供借款利率较低的贷款。

Kiva 的资金来源主要为有闲余资金的个人，这些人并不将经济回报放在首位，更在乎精神上的满足，因而他们愿意将提供资金看作为慈善事业做贡献。Kiva 自身的运作成本不高，还得到了部分捐助。正是因为 Kiva 可以获得低成本甚至免费的资金，而且通过简洁的运行机制降低自身营运成本，才能为需要资金的小额贷款公司和借款人提供可持续的资金。Kiva 的运行机制如图 4-7 所示。

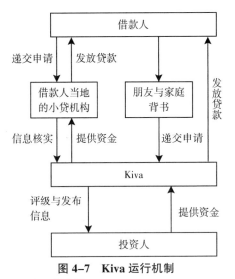

图 4-7 Kiva 运行机制

资料来源：作者根据 Kiva 运行机制绘制。

二、信息中介模式运行机制：以 Prosper 为例

由于 Prosper 在 2010 年前后采取不同的利率定价策略，本小节将介绍 2010 年以后 Prosper 2.0 的运行机制。事实上，Prosper 包括 Prosper Marketplace 和 Prosper Funding 两家公司。Prosper Marketplace 即最初成立的交易平台，Prosper Funding 则是 Prosper Marketplace 2012 年成立的全资子公司，随后 Prosper Marketplace 将平台的所有权移交给 Prosper Funding，其中还包含专有技术和其他关于平台操作的权利。Prosper Marketplace 建立 Prosper Funding 的目的在于破产隔离，如果 Prosper Marketplace 破产，用户的借款资金不会归入 Prosper Marketplace 债权人的索偿范围。具体运行机制如下：

首先，Prosper Funding 依据潜在借款人提供的借款基本信息和第三方信用评级机构 Experian 的信用评分确定潜在借款人的信用等级，根据借款人评级、借款金额、期限以及竞争环境确定一个借款利率（目前 Prosper 可选的是 3 年期及 5 年期的固定利率，各信用等级的利率浮动区间会根据市场变化），如表

4-1 所示。

表 4-1　Prosper 各信用等级利率浮动区间

单位：%

信用评级 (Prosper Rating)	借款利率下限 (Borrower Rate Min)	借款利率上限 (Borrower Rate Max)
AA	3	15
A	6	19
B	9	23
C	12	27
D	16	33
E	21	36
HR	25	36

资料来源：Prosper 官方网站。

其次，潜在借款人若接受 Prosper Funding 制定的利率，即可将借款信息发布到 Prosper 成为正式的借款人。如果筹资成功，首先由 WebBank（美国联邦存款保险公司体系下的一家犹他州特许实体银行）向借款人发放贷款。而 Prosper Funding 则发行以相应贷款为基础资产的票据，投资人以购买票据将资金投资于向借款人发放的贷款。筹集到资金后，Prosper Funding 会向 WebBank 购买债权。

最终投资人与借款人分别成为 Prosper Funding 的债权人和债务人，投资人与借款人之间并无直接的债务关系。只有 Prosper Funding 承担票据的支付义务，其母公司 Prosper Marketplace 或者借款人不承担票据的支付义务。Prosper Funding 并没有获得联邦银行清算资格，因而资金托管于富国银行。同时，为了加强票据的流动性，投资人可以在 Folio 平台提供的二级流通市场上转让票据。在流通市场上，投资人可以随时进行票据（Prosper 贷款）买卖，票据由投资人自主定价，可以与票面价格不同，但平台要收取 1% 的交易费。由于仅仅作为信息中介，Prosper Funding 和 Prosper Marketplace 都不为投资人的资金

提供担保。图 4-8 为 Prosper 运行机制图。

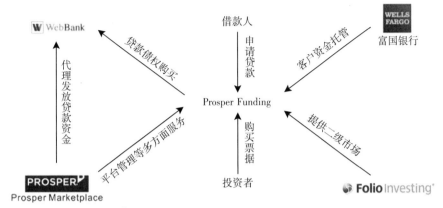

图 4-8　Prosper 运行机制

资料来源：Prosper 网站。

三、复合中介性模式的运行机制：以 Zopa 为例

作为 P2P 网络借贷的鼻祖，Zopa 起到的信息中介功能和 Prosper 类似，但在具体运行机制上有其自身的特点。

潜在借款人通过 Zopa 平台提供的"贷款结算期"查看有可能申请到的预期借款利率，如果对利率满意即可在 Zopa 完成注册并上传具体贷款申请。Zopa 收到借款申请后，根据借款信息制定最终借款利率，并将结果告知潜在借款人，如果潜在借款人接受，则正式成为 Zopa 借款人，等待借款成功。

Zopa 平台的投资人需要提交投资申请，审核通过后选择投资产品随后加入投资人队伍等待与借款人进行匹配。一旦成功，Zopa 会将每位投资人的资金以 10 英镑每份均分为众多份额，投入给不同借款人。待借款人被分到目标借款金额，Zopa 会将钱汇给借款人。由于 Zopa 根据市场具体情况将相似信用风险和贷款利率的产品进行打包，归入同一信用等级，所以投资人不能看到具体将资金借给了谁，只能看到将资金借给了什么样的贷款市场。

Zopa 负责收集借款人每月还款，由于投资人的资金被分给不同的借款人，而借款人收到借款的时间都不同，因而利息和本金是在一个月内陆续汇往投资人"Zopa 账户"中的，投资人可以选择将钱取出，或是继续投资。图 4-9 为 Zopa 运行机制图。

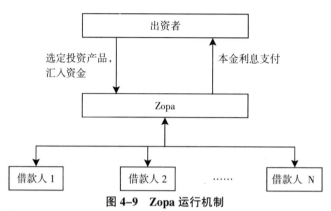

图 4-9　Zopa 运行机制

资料来源：作者根据 Zopa 运行机制绘制。

四、基本特征

P2P 网络借贷的出现完全颠覆了传统的借贷市场，它不但绕过了较为严格的银行体系，简化了借贷程序，而且提供了一个全国甚至世界的融资平台，使资金供给和资金需求在更广阔的范围内进行匹配，大大提高了资源的利用效率。作为新兴的网络借贷市场，借贷型众筹具有以下特征：

（一）去媒介化

随着互联网技术与金融开放水平的提高，资金需求人与资金供给人之间的信息不对称得到一定程度的降低，资金需求人可以通过互联网公布更多的自身信息，通过减少信息不对称进而要求较低借款利率，资金供给人也乐意接受这样的资金价格，大大增加了交易成功的可能性。因此，P2P 网络借贷可以提供这样一个绕过传统金融中介机构实现资金融通的平台，实现去媒介化。

（二）低门槛性

相对于传统的金融机构，特别是银行系统，缺少抵押物或者担保的借款人在 P2P 网络借贷市场上可以相对容易地获得借款；对于投资人理财的门槛也较低，现在国内的投资门槛一般在 100 元，有的甚至低至 50 元。无论借款人还是出借人都能获得便利的金融服务。

（三）分散性

在传统的民间借贷关系中，出借人一般会把自身可支配的资金借给一个或几个借款人。但在借贷型众筹中，一个借款人的借款往往来自众多出借人，每个出借人只需要投入很小的份额就可以参与这一笔众筹。因此，出借人可以将自身可以支配的资金分成多份投给不同的借款人，即使其中有借款人出现了违约，也不会造成巨大的损失。

（四）灵活性

每一笔借款中的借款金额、期限、利率都是不同的，投资人完全可以根据自己的判断甚至喜好借出资金，能够较为容易地寻找到匹配自身需求的借款人，减少搜寻成本。而借款人也较容易根据自身的信用状况和资金需求状况寻找到合适的 P2P 网络借贷平台，不容易受到借款条件（如担保、质押等）的制约。

五、社会作用

借贷型众筹融资将互联网技术和金融技术结合起来，扩展了金融服务的有效边界，对社会发展具有积极意义。

第一，有助于落实普惠金融，对传统金融体系进行补充。普惠金融的实质就是扩展金融服务的广度和深度。面对普通的民众和小微企业，传统的金融服务体系难以通过合理的定价覆盖所要承担的风险。借贷型众筹面向的恰恰是此类群体，通过大数据甄别个体风险的差异，在提供金融服务的同时实现自身经营的可持续性。这一新型金融形式是对传统金融体系的重要补充，两者结合可以更好地服务于整个社会。

第二，有助于激活民间资本，规范民间金融。我国一方面面临着小微企业融资困难问题，另一方面又面临着社会大众难以找到合适的投资项目问题。同时，大量存在的民间借贷难以得到官方的有效监测，可能对正规金融体系产生冲击。通过规范发展借贷型众筹融资，能够遏制高利贷，盘活民间资金存量，引导民间资本投向国家鼓励的项目和领域，使民间资本更好地服务于实体经济。

第三，符合国家经济转型要求，扩大内需促进消费。我国正处于由第二产业为主导的经济模式向以第三产业为主导的经济模式的转型期，经济转型的关键在于改善供给、拉动需求。部分 P2P 网络借贷的资产端就是消费金融，通过提前消费分期付款的模式最大限度地提高公众的消费能力。在合理控制风险的情况下，有助于改变公众的消费习惯，实现国家经济转型的目标。

第四，改善资金配置的效率，降低交易成本。借贷型众筹扩展了金融服务的边界，将整个地区、国家融入互联网这样一个庞大的网络里，借款人和投资人可以通过网络满足自己特有的投融资需求，资金匹配的效率得到提高。

第五，激发金融创新能力，完善金融监管体系。金融创新和金融监管相辅相成，金融监管促使金融创新去找新的利润增长点，金融创新带来的风险又迫使金融监管手段的不断完善。借贷型众筹不但提升了社会金融服务水平，还蕴藏着较大的金融风险，倒逼金融监管体系不断改进。

▶ 第三节　主要风险与管理

P2P 网络借贷在我国的发展过程中，不可避免地存在风险。风险代表了未来投资收益的不确定性，风险管理是现代金融理论的核心之一，P2P 网络借贷也需要重点关注其风险。

一、主要风险

从我国现有的三类网络借贷模式来看，参与主体涉及借款人、投资人、平台和第三方个人或机构，以此为线索，P2P 网络借贷的主要风险如下：

（一）由借款人引起的风险

P2P 网络借贷平台的贷款对象主要集中于无抵押担保的个人或机构，因为其账面可见的偿债能力一般较弱，这类个体不被传统金融服务所接受。对于纯信用无担保的标准型模式，当借款个体出现违约情形时，该损失就会由投资人承担。为预防借款人的信用风险，则需要完善的借款人信用信息。各 P2P 网络借贷平台主要是依据借款人提供的身份证明、财产证明、缴费信息、熟人评价等信息来给借款人进行信用评级，这是投资人主要参考的信息，然而这类信息不够全面且易造假，加之我国国家征信系统并不对其他机构开放，仅仅依靠自身建设信用认定系统的模式来保证信息对称十分困难且会面临巨大的风险。

（二）由投资人引起的风险

投资人是 P2P 网络借贷模式中资金的供给方，一般情况下，投资人将其闲散资金出借给借款人获得利息收益。《金融时报》（2013）分析指出，由于 P2P

网络借贷获得投资人资格的门槛低，手续简便，洗钱分子充当投资人角色，可以方便利用自己的 P2P 网络借贷平台的账户，或通过购买身份证、平台账号等方法控制别人的 P2P 网络借贷平台的账户，和借款人达成借贷合同；网络借贷平台仅在网站首页声明借款者资金使用需保证与借款申报所登记的用途相一致，但实际上网站根本无法对每笔贷款的使用情况进行回访核实或实地察看，只要客户能够按时还款即可，这导致对资金使用情况的监管形同虚设，极易引发洗钱风险，方便了洗钱分子可能通过网贷平台清洗违法所得或从事高利贷等违法活动。虽然平台上的每笔借款金额有最高额限制，但对投资人总体投资额度却没有相应的限制，投资人的资金来源和社会关系不明确。此外，缺少相关部门对资金来源的正当性进行审核验证，无法保障其合法性，因而增加了网贷平台沦为洗钱工具的可能性。

（三）平台风险

信息和资金在 P2P 网络借贷平台进行交汇，因而导致网贷平台成为风险的高发地带，其风险主要体现在网络技术风险方面。先进的数据挖掘技术和信息整合技术是 P2P 网贷平台发展壮大的核心力量，然而 P2P 网贷平台普遍对此缺乏重视，忽视网站的维护和升级，轻视网络安全技术风险。考虑到 P2P 网贷流程中借贷双方的身份、账户、资金等信息都会被网络详细记录下来，当平台服务器被黑客或病毒攻击，个人数据非常容易泄露，有可能给借贷双方的经济利益造成巨大损害。此外，根据网贷之家披露的 2014~2016 年发生问题的 P2P 网络借贷平台的数据，国内的 P2P 网络借贷平台不仅是信息中介，还存在向出借人提供担保或者承诺保本保息、资金未进行第三方托管等行为。这些行为增加了 P2P 网络借贷平台因借贷项目失败而履行担保责任遭受损失的风险。

（四）第三方机构风险

国内的 P2P 网贷平台为了挖掘更多的投资人，通常采取担保的方式增强自身信用，从而有了第三方个人、担保公司或保险公司参与到网贷过程中，但多数担保机构本身就和网贷平台有高度的关联性，从而有可能引发关联风险。《融资性担保公司暂行管理办法》规定，担保公司所担保的净额不能超过其净资产的 10 倍，但现实生活中，部分规模较小的担保机构常常采取多种方式规避监管，超过限定的担保额。甚至部分担保机构本身并不具备相应的担保能力而为一家甚至多家网贷平台提供担保，并不能在风险发生时覆盖风险。

二、风险管理

2015 年，我国 P2P 网络借贷行业集中爆发的平台跑路、倒闭事件，给投资人、互联网金融业甚至国家金融稳定造成不良影响。为避免恶性事件再度发生，P2P 网络借贷行业的风险管理非常重要。结合国内外 P2P 网络借贷的经验措施，可从以下几个方面加强风险管理：

（一）加强针对性立法，对 P2P 网络借贷采取功能性监管

起初，美国监管机构认为 P2P 网络借贷的交易属于平台发行证券的行为，归美国证券交易委员会 （U.S. Securities and Exchange Commission，SEC） 监管。知名的 P2P 网络借贷平台 Lending Club 和 Prosper 都曾被要求停业整顿，只有在向 SEC 注册并取得相关州的许可之后才能重新开业，并接受 SEC 的监管。之后，美国国会在《多德—弗兰克法案》颁行后，将绝大多数网络借贷行为纳入消费者金融保护署管制的范围，正式将 P2P 网络借贷纳入民间借贷的范畴。而我国的情况不一样，我国的 P2P 网络借贷平台基本没有通过第三方银行发行债权凭证，实质上还是民间借贷的线上化，归属于银监会监管。2015 年，银监会成立普惠金融部明确了 P2P 网络借贷的监管主体。虽然 2015 年 7 月中

国人民银行等十部委印发了《关于促进互联网金融健康发展的指导意见》、2016年10月中国银行业监督管理委员会印发了《P2P网络借贷风险专项整治工作实施方案》和《网络借贷信息中介机构业务活动管理暂行办法》等规范性文件对网络借贷行业进行规范，但始终未上升到法律层面。

（二）不断扩大征信范围，完善征信系统基础建设

我国可以参考美国的征信系统建设。美国的征信系统几乎涵盖了普通民众生活的方方面面，数据来源十分广泛。同时，美国的征信系统几乎是完全透明的，征信系统和金融机构间可以实现无缝对接，P2P网络借贷平台可以直接获取信用记录；反过来，P2P网络借贷平台上获取的相关信息可以完善征信系统。我国目前的征信系统和P2P网络借贷平台之间的信用信息是相互隔绝的。通过将P2P网络借贷平台信息和央行征信系统对接，一方面完善央行征信系统，另一方面可以帮助P2P网络借贷平台有效评估借款人的信用风险。

（三）平台自身加强风险防控措施

P2P网络借贷平台作为重要的信息中介，需要加强自身风险防控的意识及措施：

第一，硬件上需要维护平台网络通信稳定，升级网络安全系统。由于所有信息都是通过网络进行传递的，良好的网络通信环境可以减少页面崩溃、交易失败的可能性，节约了搜寻成本和交易成本。P2P网络借贷平台随时更新升级网络安全系统，可以减少黑客利用系统漏洞进行攻击的可能性，保障参与人资金与信息的安全。

第二，综合运用担保、质保服务专项款及第三方存管等风险管理措施。P2P网络借贷选择第三方担保机构要充分考虑其担保实力而不能只是作为一种噱头吸引投资人，严禁通过关联机构对自身进行担保；运用VaR等模型对每

笔借款的可能损失进行精确衡量，拨付足够的质保服务专项款。

第三，提高 P2P 网络借贷从业人员的专业素质及道德素质。P2P 网络借贷行业刚开始进入逐渐规范的阶段，从业人员的专业素质和道德素质参差不齐，从业人员不专业性可能会误导参与人，甚至有道德低下的从业人员为了业绩进行虚假宣传，夸大投资安全性。

▶ 第四节　借贷型众筹融资利率

一、我国借贷型众筹融资利率概况

随着借贷型众筹融资逐渐规范和回归理性，年度平均融资利率从最高点的 20% 左右降低到 10% 左右，金融普惠性逐渐显著（见图 4-10）。联合国在推广"2005 国际小额信贷年"时提出构建"普惠金融体系"，指以可负担的成本为有金融服务需求的社会各阶层和群体提供适当、有效的金融服务，小微企业、农民、城镇低收入人群等弱势群体是其重点服务对象。传统的金融机构出于风险收益的考虑，提供的金融服务往往只能覆盖少数资产收入状况、信用状况较为优质的人群，而忽视了大多数普通民众的金融需求。P2P 网络借贷的诞生为解决部分无法在传统正规金融机构满足的融资需求提供了一个解决方法。融资利率作为网络贷款的价格是整个网络借贷市场出清的关键因素，过低的融资利率无法吸引投资人投入资金，而过高的融资利率意味着较高的借款成本，因而一个合适的融资利率对于 P2P 网络借贷的健康稳定发展意义重大。

根据盈灿咨询提供的《2016 年中国网络借贷行业年报》，我国 P2P 网络借贷的融资利率经历了一个先升后降的过程，如图 4-10 所示。2013 年以前是中国网络借贷萌芽的阶段，总体具有较高的融资利率，接近 20%。2013 年中国进入"互联网金融元年",融资利率达到最高点 21.25%。2013 年以后,网络借贷规模快速扩张,大量资金涌入该行业。与此同时,国家相关监管部门相继公布《关于办理非法集资刑事案件适用法律若干问题的意见》《关于促进互联网金融健康发展的指导意见》《网络借贷资金存管业务指引(征求意见稿)》《网络借贷信息中介机构业务活动管理暂行办法》等监管条例加强互联网金融行业监管,网络借贷行业利率走入下降通道,2016 年年度平均融资利率降到 10.45%。这一方面反映了经济形势回落背景下整个行业资金面供给需求趋于平衡,另一方面也部分反映了整个行业面临监管趋严的外部形势。

图 4-10 我国 P2P 借贷型众筹融资利率年度变化
资料来源:网贷之家,盈灿咨询. 2016 中国网络借贷行业年报 [R]. http://www.wdzj.com/news/yanjiu/52614.html, 2017.

根据 2014 年以来各平台平均融资利率的分布情况也可以看出,整个 P2P 网络借贷行业融资利率呈现下降趋势。2014 年,只有 7.3% 的平台平均融资利率低于 12%;2015 年,P2P 网络借贷行业爆出大量平台倒闭、跑路等事件,淘汰了一批单纯依靠高收益吸引投资者的高风险平台;2016 年,83.95% 的平台融资利率低于 12%,曾经占据主流的融资利率超 12% 的高收益平台比例下降到 16.05%(见图 4-11)。整个行业洗牌加速,一大批经营不善、规模较小的平台被淘汰,规模较大、实力雄厚的平台更容易受到资金青睐。这一类平台

具有较为严格的风控措施，有利于引导整个行业的融资利率逐步下降。

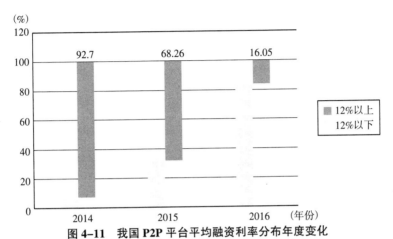

图 4-11 我国 P2P 平台平均融资利率分布年度变化

资料来源：网贷之家，盈灿咨询. 2016 中国网络借贷行业年报 [R]. http://www.wdzj.com/news/yanjiu/52614.html，2017.

　　根据盈灿咨询统计的全国 30 个省市中，北京、甘肃、重庆、上海、青海五地的融资利率低于全国水平（10.45%）。可以看出诸如上海、北京传统金融发展居于前列的省市综合收益率相对较低。2016 年，融资利率最高的三省市分别是广西、贵州、内蒙古，分别为 14.66%、14.68% 和 18.48%。从各省市 2016 年网络借贷融资利率的变动情况来看，在全国 30 个省市中，有 28 个省市的融资利率出现了下降，其中下降超过了 5 个百分点的有安徽、甘肃、内蒙古等地区，而广东、上海、北京 P2P 网络借贷发展居前的三省市均下降了约 2 个百分点，下降幅度略微小于行业水平，如图 4-12 所示。

一、借贷型众筹融资利率的影响因素

　　借贷型众筹融资的利率影响因素主要包括以下几个方面：

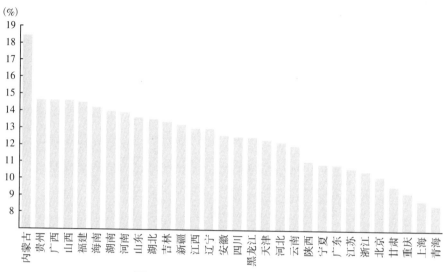

图 4-12 2016 年各省市融资利率

资料来源：网贷之家，盈灿咨询. 2016 中国网络借贷行业年报 ［R］. http://www.wdzj.com/news/yanjiu/52614.html，2017.

（一）资金供求关系的影响

随着我国国民收入的增加，居民拥有的大量储蓄资金需要找到更好的投资渠道，部分资金因而涌向了 P2P 网络借贷行业。由于金融抑制和金融约束等原因，借贷众筹行业在发展初期一直处于资金供给小于需求的情况，无疑会推高整个行业的借款利率。近年来随着行业发展的逐渐规范，国家金融监管的加强，经济增长速度的回落，借贷众筹行业利率逐渐回归理性水平。

（二）上海银行间同业拆放利率（Shibor）的影响

上海银行间同业拆放利率自从 2007 年正式开始运行已经走过了 10 个年头，是我国利率市场化改革的重要成果，在正规金融体系中具有重要的参考作用，对于 P2P 网络借贷市场利率有着单向的溢出效应，即 P2P 网络借贷市场利率随着 Shibor 同向变动，如图 4-13 所示。

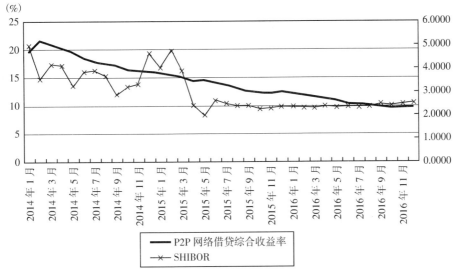

图 4-13 P2P 网络借贷综合收益率与上海银行间同业拆放利率（1 周）

注：主坐标为 P2P 网络借贷综合收益率，次坐标为上海银行间同业拆放利率。

资料来源：网贷之家网站"行业数据"、上海银行间同业拆放利率官网。

（三）货币政策的影响

货币政策会通过影响基准利率以及市场的流动性间接影响 P2P 网络借贷市场的融资利率。如中国人民银行提高存贷款基准利率，投资人会选择更多的储蓄而减少投资，市场上流动的货币将减少，从而间接影响到金融市场上的流动性，推高 P2P 网贷市场利率。如果中国人民银行降低存贷款基准利率，会影响 P2P 网贷市场利率下行，如图 4-14 所示。

三、借贷型众筹市场中个体融资利率

P2P 网络借贷融资市场利率弹性空间较大，具体项目的融资利率从最低利率到最高利率可能相差 2~3 倍。P2P 网络借贷的利率市场化程度较高，因此可以从金融产品定价角度分析微观主体融资利率。下面讨论分析影响具体单个借款标的融资利率的主要因素：

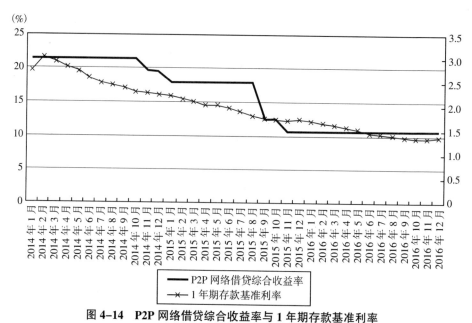

图 4-14　P2P 网络借贷综合收益率与 1 年期存款基准利率

注：主坐标为 P2P 网络借贷综合收益率，次坐标为 1 年期存款基准利率。
资料来源：网贷之家网站"行业数据"、中国人民银行官网。

　　国内外 P2P 网络借贷市场对融资利率定价有两种基本的定价模式，分别为直接定价和间接定价。直接定价是指 P2P 网贷平台根据借款人的信用和财务信息直接标明融资利率，投资人根据自身投资需求选择投资或者放弃，如人人贷。间接定价是指借款人给出所能接受的最高融资利率，投资人对借款标的进行降低融资利率的竞标[①]，投标利率最低的一组投资人获得投资机会，融资利率通过综合这一组投资人的投标利率确定，如 Prosper1.0 的拍卖模式。

　　国内外 P2P 网络借贷平台基本根据借款人的信用状况及基本财务信息，确定借款人融资利率。这些基本信息包括：

　　（1）信用状况：借款人在可查的记录中是否有违约记录、是否有逾期记录

---

　　① 降低融资利率的竞标类似于荷兰式拍卖。在降低融资利率的借贷型众筹中，借款人提前给出能够接受的最高利率，不同的贷款人根据借款人所能接受的最高利率，逐渐降低贷款利率，直到产生最低利率。

等，信用状况较好的借款人融资利率较低。

（2）收入状况：借款人收入高低、收入稳定性等，收入较高且较为稳定的借款人融资利率较低。

（3）资产状况：借款人是否有房产、车产、有价证券、存货等一些可以抵押变现的资产，较多的资产存量也会降低借款人的融资利率。

（4）负债状况：借款人是否有房贷、车贷、银行贷款等一系列负债，负债较高的借款人可能需要支付较高的融资利率。

近年来，Kumar（2007）、Herzenstein 等（2008）、Pope 和 Sydnor（2010、2011）、廖理等（2014）等研究发现，在投资人能选择融资利率的拍卖模式中，融资利率还会受到借款人其他"硬信息"（指能用准确的指标来表示的信息，是正式的、精准的、符合逻辑的、可追溯的信息，如业绩报告、任务指标、财务报表等信息）和"软信息"（指不能按标准化办法收集和处理从而无法通过书面方式进行传递的信息，如企业家性格、企业文化等信息）的影响。借款人的性别、种族、婚姻状况、年龄、受教育程度、工作地点、所处行业、职位高低以及照片看起来的可靠程度等一系列信息，在投资人心中都会形成一定的评价，从而影响融资利率的高低。比如年龄较大、受教育程度较高的人可能在投资人心中具有较好的"信誉"，因而可能降低融资利率；黑人相比白人、不发达地区相比发达地区，可能会受到一定歧视，因而可能会提高融资利率；借款人给出的照片看起来更可信则更容易降低融资利率等。

▶ 第五节　案例分析
——美国的校园贷：SoFi

2017 年 6 月，银监会全面叫停网贷机构从事校园贷业务，乱象丛生的校

园贷市场将会面临一次大洗牌。然而校园贷的鼻祖——SoFi 却在 2017 年 2 月完成了 F 轮 5 亿美元的融资，发展势头迅猛。因此，剖析 SoFi 的发展路径对我国校园贷下一步的发展有一定的启发作用。

一、产生背景

2008 年以后，美国高等院校学费增长明显，大多数遭遇金融危机打击的家庭难以负担，只能依靠联邦学生贷款负担高额的大学费用。2011 年，通过为大学生提供利率更低的贷款再融资，SoFi 找到了立足之地。

二、平台简介

2011 年 4 名美国斯坦福的 MBA 学生建立了 SoFi，全名 "Social Finance" （社交金融）。SoFi 以帮助学生减轻贷款压力为理念，将来自同一所大学的毕业校友与在校学生联系起来。因此，在校学生的借款资金均来自毕业校友。SoFi 最初 200 万美元的启动资金全部来自 40 位斯坦福 MBA 毕业校友，这笔资金最后借给了通过信用审查的斯坦福商学院学生，利率为 6.24%，低于当时的联邦学生贷款利率 6.8%。这次试点结束后，SoFi 开始正式运营。当一所学校的 SoFi 用户具有一定规模后，SoFi 会定期举行聚会等活动，一方面毕业校友可以提前接触到具有发展潜力的在校学生，另一方面学弟、学妹也可以接受来自毕业校友的指导。SoFi 借此机会迅速打入美国的校园贷款市场，并迅速壮大起来。

三、运行机制

（一）对投资人和借款人都有较高要求

SoFi 对投资人的要求是其必须是合格投资人，并且主要集中在知名院校的毕业校友之间；SoFi 对借款人的要求是必须毕业于优秀的大学和热门的专业。

例如，大学排名必须在前 200 名，毕业专业集中在法律、医学、商业、工程、美术等 8 个本科专业和 14 个硕士专业。

（二）以低息贷款置换以前的联邦学生贷款

当时联邦学生贷款的最低利率为 6.8%，而信用较好的学生可以在 SoFi 获得 5% 利率的低息贷款。具体流程如下：首先由学生向 SoFi 提出贷款申请，通过审核后 SoFi 将会一次性地替学生偿还联邦学生贷款，之后学生将以较低利率定期向 SoFi 偿还贷款。因此，可以为学生节省一笔可观的利息费用。

（三）特有的校友关系

由于投资人和借款人来自同一所学校甚至同一门专业，借款人如果发生违约将会在整个校友人脉圈失去信用，这是极大的违约成本，也是 SoFi 能够提供低息贷款的原因之一。

▶ 第六节 本章小结

第一，借贷型众筹是指投资人对个人、公司或其他组织进行货币借贷，获得其相应比例的债权，在未来一段时间陆续收回本金并获得利息收益。P2P 网络借贷是借贷型众筹融资的典型运行模式。

第二，借贷型众筹主要分为三种运行模式：一是非营利公益型模式，国外以 Kiva 为代表，国内以宜农贷为代表，年利率低至 2%；二是单纯提供中介服务的标准型模式，国外以 Prosper、Lending Club 为代表，国内以拍拍贷为代表；三是复合中介型模式，国外以 Zopa 为代表，国内以人人贷为代表。

第三，借贷型众筹作为连接借款人和投资人的中介，绕过了以往银行复杂

的审核程序，通过大数据手段与互联网技术降低了借贷风险，具有去媒介化、低门槛性、分散性及灵活性的特点。

第四，借贷型众筹在发展的过程中，不可避免地存在风险。从我国现有的几类主要的借贷型众筹模式来看，风险主体主要涉及借款人、投资人、平台和第三方个人或机构。

第五，借贷型众筹对于社会发展的积极意义：有助于落实普惠金融，对传统金融体系进行补充；有助于激活民间资本，规范民间金融；符合国家经济转型要求，扩大内需促进消费；有助于改善资金配置的效率，降低交易成本，激发金融创新能力，完善金融监管体系。

5 第五章 股权型众筹融资

本章提要： 本章在界定股权型众筹融资定义和发展历程的基础上，介绍股权型众筹融资的具体运作模式和运行机制，分析实际操作中面临的风险，并判断股权型众筹融资的发展前景。

▶ 第一节　概　述

一、基本内涵

股权型众筹融资是众筹的一种类别，具体是以互联网形式在线上为特定项目——其中以初创或小微企业为主——向合格投资人发行股权进行融资，投资人以资金作为代价获得该项目的部分股权。根据股权型众筹融资中资金的募集方式和募集对象的不同，可简单分为互联网公开股权融资与互联网非公开股权融资。根据我国十部委 2015 年联合发布的《指导意见》，由中国官方认可的股权众筹为互联网公开股权融资，这一形式具有公开、小额、大众的特点。然而，截至 2016 年 12 月，我国获得公开股权众筹试点资格的只有平安、阿里巴巴和京东三家集团公司，并且试点开展并未真正落地。互联网非公开股权融资限定投资人人数，通过非公开的互联网互动方式进行项目融资。在相关法律法规与行业发展的共同作用下，我国股权型众筹融资平台的发展以互联网非公开股权融资为主。

二、发展历程

世界上第一个以股权形式为项目进行线上募资的平台诞生在英国。2010年，诞生于美国硅谷的股权型众筹融资平台 AngelList 发展得更为迅速，成为全球更具代表性的股权型众筹融资平台，这一商业模式自产生之后迅速传入世界其他地区。我国以股权型众筹融资方式建立公司的例子要追溯到 2013 年美微传媒在淘宝出售股权获得资金这一事件。中国以平台形式出现、专注于为初创企业提供融资服务的股权型众筹平台是于 2011 年 11 月 11 日成立的天使汇，如今为大家熟知的出租车共享服务平台——滴滴打车是其成功案例之一。

近年来，中国股权型众筹融资平台增长不仅迅速，而且呈现功能多样性。部分股权型众筹融资平台向创业孵化、服务、咨询为一体的创投生态转型，基于平台对融资项目的历史经验和风险把控能力，为创业企业提供全产业链服务。京东非公开股权融资平台是这一类平台的代表。这些具有丰富线上线下资源的企业同时带来一定的垄断效应。在这样的背景下，其他股权型众筹融资平台开始向垂直领域深耕，比如酒店业股权型众筹融资平台；平台的业务也拓展延伸至创业者服务、税务咨询等"一站式"的增值服务。

三、国内发展困境

2014 年后，中国股权众筹融资平台开始发展。2016 年下半年，股权众筹融资遭遇市场规范及出清。根据众筹之家数据，截至 2017 年 7 月，累计平台数量 172 家，比 2017 年 1 月减少了 31 家，下降趋势仍未扭转。这一发展困境

具体表现为两个方面：

（一）股权众筹平台数量显著减少

根据众筹之家网站数据，2017 年 1~6 月，能打开网站的众筹平台数量（能打开网站的股权众筹平台不一定正常经营，实际正在经营的股权众筹平台数据可能更低）显著减少，从 2017 年 1 月的 203 家持续下降到 2017 年 6 月的 175 家。股权众筹平台数量显著减少从根本上影响了股权众筹的项目数量和筹资额度，如图 5-1 所示。

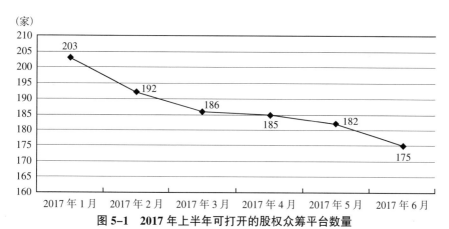

图 5-1 2017 年上半年可打开的股权众筹平台数量

资料来源：众筹之家网站。

（二）股权众筹项目和融资额度在低谷徘徊

根据众筹之家网站数据，2017 年 1~6 月，股权众筹月交易额大多在几千万元。受个别大项目的影响，2017 年 5 月的股权交易额也不足 2 亿元，如图 5-2 所示。同时，2017 年股权众筹月成功项目数量徘徊在 10 个左右。例如，2017 年 2 月股权众筹项目成功的有 6 个，2017 年 5 月股权众筹项目成功的有 12 个，2017 年 6 月股权众筹项目成功的有 7 个。

图 5-2　2017 年上半年股权众筹平台月交易额

资料来源：众筹之家网站。

四、社会意义

股权型众筹融资的社会经济意义主要体现在四个方面：一是为初创企业提供融资便利，为更多的科技创新和技术转化提供便利。二是为创新产品提供更多的市场需求信息和改进建议，为提高创新产品性能提供条件。三是丰富投资者的投资选择。四是弥补现有金融市场体系的缺陷，推进金融体系发展。

▶ 第二节　分类与特征

一、主要模式

在互联网金融发展较为规范的国家，股权型众筹融资平台对合格的投资者均有一定的要求，而且不同的平台可能拥有不同的运行模式。根据股权型众筹具体运行机制的不同，可将其分为三种模式：个人直接股东模式、基金间接股东模式和集合直接股东模式。

（一）个人直接股东模式

个人直接股东模式是指投资者直接在众筹平台上浏览列出的可投资项目，然后挑选其认为有潜力的企业进行投资。在具体运作上，可采取一定的方法规避法律风险。例如，3W 咖啡，采用会籍式众筹，以每个人 10 股，每股 6000 元，相当于一个人 60000 元的价格向社会公众进行资金募集，但是不是所有人都能成为 3W 的股东，而是特定的具有会籍的成员，这些成员都具有一定的实力和背景。因此，3W 咖啡主要致力于打造互联网创业和投资的高级圈子，进入这个圈子就相当于得到了认识更多同样优秀的投资人的机会。

（二）基金间接股东模式

基金间接股东模式是指投资者直接在众筹平台上浏览可投资项目，挑选其认为有潜力的项目进行投资，将资金转入一家风投基金，持有相应的基金份额，由风投基金对项目公司进行投资。美国著名股权众筹平台 Fundersclub 采用的就是此模式。Fundersclub 不能作为一个合格的注册经纪交易商来管理投资者的资金，为了规避由此产生的法律风险，它采用的方式是为一家风投基金融资，然后通过风投基金直接将资金注入初创公司，出资者通过持有基金份额进行间接投资。

（三）集合直接股东模式

集合直接股东模式又被称为"领投＋跟投"模式和辛迪加模式，在该模式中采用"领投人"制度，通常选取一名投资经验丰富、专业知识较强的人作为领投人，其他的投资人跟随领投人进行投资，领投人和跟投人都是公司的直接股东。通常情况下，领投人担任项目公司重要股东并参与管理，跟投人作为出资方也享有重大事项的投票权，但不用参与一般性事务管理。

"领投＋跟投"模式是世界上股权型众筹融资平台应用最广、最为普遍的运营模式，其代表主要有 AngelList、天使汇等。领投人多由天使投资者和风险资本担任，他们需要履行以下职责和义务：项目分析、尽职调查、项目估值议价、投后管理、项目退出等。具体体现在：为项目跟投人提供项目分析与尽职调查结论，帮助创业者尽快实现项目成功融资，帮助创业者维护协调好融资成功后的投资人关系，以及牵头创立合伙制企业。在这种模式中，领投人在项目成功后的投资收益中获得一部分提成，作为其回报。"领投＋跟投"模式不仅能降低普通投资者面临的投资风险和信息不对称，还能帮创业者获得除资金以外更多的行业资源、管理经验等附加价值。由于我国征信体系不完善以及投资者的非专业性，因此这种模式适合国内的发展。

随着市场与平台的发展，"领投＋跟投"模式也形成了进一步的分化，股权型众筹融资平台的角色也在发生演变。"领投＋跟投"模式中衍生出平台作为中间人承担部分尽职调查、估值定价的工作，其尽职调查根据私募基金的尽职调查标准进行，并根据所做工作获得一部分的收入，包括融资成功顾问费、跟投者交易费、项目的股权或收益、平台服务费等。

股权型众筹融资平台进一步发展以生态闭环的形式展现。股权型众筹融资平台将专业投资机构、天使投资人、项目发起者、其他投资人进行资源整合，线上线下形成社群，打造生态闭环，项目融资方可以最大程度地展示项目，投资人获得有效信息，投资者的教育和孵化功能也为平台带来部分增值服务。比如"云创汇"的"股权众筹平台＋社群＋生态系统"模式，是打造创投生态闭环的尝试。

二、基本特征

股权型众筹融资本质上是初创或小微企业的融资方式之一，参与众筹的一般为 B 轮融资以前的早期项目，融资规模控制在 15% 的股权以内。金额根据项目行业有所不同，由几百万至几千万元不等，能在一定程度上有效地解决初

创或小微企业融资难、融资贵的问题，其在发展过程中呈现出以下三个特点：

（一）股权型众筹融资属于直接融资范畴

平台通过线上对接，由投资人直接参与项目进行投资。在部分平台上，领投人还有参与被投公司尽职调查、投后管理的功能与义务，比如早期成立的AngelList。值得注意的是，尽管在基金间接股东模式平台上，投资者先将资金转入风投基金，再由风投基金对初创或小微公司进行注资，但投资标的由投资者选定，项目失败等风险由投资者承担，风投基金在此只收取管理费。

（二）参与人数更为广泛

股权投资是一项具有高风险、高收益的投资行为，具有较高的门槛，每一个国家都会设定合格投资人的审核与准入，以确保能有效控制风险。股权型众筹作为面向大众并服务于中小企业融资的平台，在合格投资者设定方面根据其承担的义务不同或者资产不同设定不同的投资额度标准，使得参与者的范围相对于传统的创业项目投资而言有所扩大。

（三）股权退出方式不同

在法律合规下，根据不同的项目设计，不同的参与者在投资后期享有的权利与承担的义务皆有所不同。与以往的较为单一的股权投资回报模式不同，平台投资者在退出投资时拥有多元化的选项。

▶ 第三节　运行机制

互联网金融中的股权型众筹不仅仅是一个金融网络化的概念，而且在金融决策原理、信息披露机制和金融市场分层等方面与传统金融制度有所不同。股权型众筹对发起项目的金融市场进行充分的分层，相较于传统金融市场而言，市场透明度和交易便利性都有了一定程度的提高，更有利于优质项目的选择，更有利于资金和项目匹配效率的提升。

一、自身运行的激励相容机制

股权型众筹参与各方的激励相容机制如下：

(一) 项目管理者（生产者）的激励

项目管理者选择众筹平台筹集资金的原因主要有两个：一是资金成本，二是需求信息与产品改进。

1. 资金成本

选择众筹平台筹集资金能够在一定程度上降低资金成本。项目管理者的早期资金一般来源于个人储蓄、房屋净值贷款、个人信用卡、朋友和家人投资、天使投资和风险资本家。在某些情况下，股权型众筹融资可能使项目管理者以更低的成本获得资金，原因如下：①更好的匹配。项目管理者可以与对该项目有最高投资意愿的出资者匹配。这些项目的出资者不再局限于某些特定地方（比如，与生产者在地理位置上接近），而是从全球范围内进行匹配。②捆绑。股权众筹过程中，在一定条件下出资者可提前获得产品，确认产品的创新价值。而且在一定程度上，股权众筹也便利了项目管理者通过出售生产早期或限量版产品、捆绑出售股权等方式获取他们希望的资助，并且能够降低他们的资金成本。③信息。一定程度上，股权型众筹融资能比传统的早期资本来源产生更多的信息，这些信息可能会增加出资者的支付意愿，从而降低资金成本。例如，Pebble Technology 公司的创始人 Eric Migicovsky 收到捐赠、赞助、朋友融资等之后，通过股权型众筹平台发布 Pebble 智能手表项目，披露相关信息，

证明了一些出资者对其产品创新性的认可，进而吸引更多出资者购买该产品，增加筹资规模，从而提高产品的整体价值，降低融资资金成本。

2. 需求信息与产品改进

选择众筹平台筹集资金能够在一定程度上满足更多的信息需求。股权众筹融资过程中反映出的市场需求信息主要包括两个方面：①根据市场认可信息修正前期计划。项目管理者根据出资者的反应和选择，判断产品的创新性和实用性，并进一步修正前期的想法和计划。②进一步预测市场需求特征、提高产品的市场。关注产品需求的市场信号，使项目管理者可以了解未来用户和出资者对产品项目功能改进的建议，进而尽快围绕建议开发更能符合市场需求的产品，使后期产品的成功概率提升。例如，Pebble 智能手表根据用户提出的需求，开发软件应用程序，兼容 iPhone 和 Android 手机，使功能扩充到查阅 iMessage 短信、显示来电信息、上网浏览、实时提醒邮件、短信、微博和社交网络信息，无形中增加了新的潜在用户。

（二）出资者的激励

出资者从事股权众筹的激励机制包括：①投资机会。早期企业的出资者传统上限于企业附近，股权型众筹则为全球、远距离出资者提供了投资机会。②早日进入新产品。股权众筹项目使相关产品的爱好者通过投资成为早期股东，而他们的参与可以为公司提供服务以及资源，为公司创造价值。③社交网络。对于出资者而言，在股权型众筹融资平台上的投资本质上是一种社会活动，他们通过投入部分资金可得到与项目管理者更好的沟通机会。④支持的一个产品、服务或观念。在股权型众筹融资平台上，慈善扮演一个重要的角色。一些出资者支持项目，没有收到有形的物质奖励，也没有参与相关的在线社区，目的是为了发现具有潜力的新产品和新企业。

（三）平台激励

股权型众筹融资平台主要是为了盈利，一般收取交易成功项目总资金的4%~5%作为交易费用。因此，它们的目标是最大限度地提高成功项目的数量和规模。这要求平台设计良好的平台运作机制来吸引优质项目，减少欺诈行为，并高效匹配创意和资本。股权型众筹平台上交易成功的创新项目具有广告效应，可以引起社会媒体的关注和报道，而这进一步扩大了现有的出资者，推动了项目交易成功概率的提高和平台盈利水平的提升。

二、市场设计机制

股权型众筹融资通过四种市场机制减少信息不对称引起的投资风险。四种机制分别是：声誉信号、监测与监管、尽职调查和阈值机制。前三种机制的主要作用是减少生产者和资助者之间信息不对称的风险，第四种机制有助于解决集体行动困境问题。这四种机制与上述机制共同构建成完整的股权型众筹融资激励约束机制体系。

（一）声誉信号

早期的创意项目或企业在传统市场上融资时，严重依赖面对面的尽职调查和个人关系。在股权型众筹平台上，生产者尽可能多地披露他们的项目信息和回报计划，然后形成一个信号——信任。市场设计通过便利市场上出资者对生产者的评价，形成市场声誉。在股权型众筹市场，声誉和信任尤为重要。Cabral（2012）将声誉作为解决网上交易欺诈风险的一种机制，"尽管有各种机制来处理欺诈，但信誉是企业的最佳选择之一"。互联网市场的设计者已经开发了许多通过声誉建立信任的机制。广义上讲，这些工具可以分为三种类型——质量信号、反馈系统以及值得信赖的中介机构。

1. 质量信号

股权型众筹通过披露项目质量信息、产品质量信息、项目管理者品质信息等，提高声誉。Waldfogel 和 Chen（2006）阐述了在网络交易市场上质量信号的重要性。产品质量信息越容易获得，品牌的重要性就越低。众筹融资通过每个投资者效用与出资者总数之间的正向关系，使项目管理者和出资者有共同的目标来传播关于项目和产品的信息，无形中大大降低了为项目和产品创建品牌的广告费用。项目管理者通过披露项目和产品的质量信息，可以回避品牌知名度较低的不足，提高市场对项目和产品的信任程度。在 2014 年，相比较于苹果手机、三星手机，中国的华为手机品牌占有率较低，华为通过预售众筹等方式利用市场用户传播产品质量信号，同时利用低成本战略，于 2017 年 7 月在智能手机销量上超越苹果，暂居智能手机市场的第二名[①]。Lewis（2011）进一步检验信息获取的作用后得出，披露个人信息可以提高 eBay 上二手车的价格。即使产品信息不能令人信服地传达，仍有其他方法可以显示产品的质量。例如，Robert（2011）表明，担保人可以提供一种可靠的质量信号。Elfenbein、Fisman 和 McManus（2012）分析得出，慈善捐款似乎提供了一个较高的网上信号质量。在早期融资阶段，信息不对称风险较高时，专利也可作为一种质量信号。同样，出资者经常将生产者以往的成功经验作为信号质量，如企业家、高级管理人员等创始团队和创始人是否具有博士学位（Hsu，2007）。最后，股权型众筹实例证明，教育水平与筹款成功呈正相关关系（Ahlers 等，2012）。

2. 反馈系统

许多网上交易市场为用户提供了一种有助于建立购买者和销售者声誉的"提交—反馈"机制。这种机制最基本的版本只是简单地报告销售信息。

---

① 陈健. 华为手机销量超越苹果 成全球智能手机第二名［EB/OL］.［2017-09］. http://tech. huanqiu.com/original/2017-09.

Tucker 和 Zhang（2011）论证得出，报告销售信息对融资选择具有重要影响，股权型众筹给出了一个信号机制，通过众筹平台的网络交易记录可以判断有关项目管理者的行为特征，为出资者选择项目提供参考。更复杂的机制依赖于评级系统提供的信誉信息。该机制主要是为了让市场参与者在交易后对融资项目进行评价。例如，淘宝网、京东、eBay 等网站现行的买家评价卖家机制。如果卖家总体上提供了一种高品质的体验，那么买家的评价会很好。新买家看到网上较高的评价，将进一步增加对卖方的信任，并愿意付出较高的价格。一些文献资料表明，在 eBay 等平台上的卖方（买方）评价对其他网络平台也非常重要（Cabral，2012）。然而在股权型众筹融资平台上，再好的生产者也不太可能在很短的时间内反复筹集资金。为了避免出现这个问题，并从网上获得较高信誉，一个潜在的解决方案是让生产者的较大项目划分成一系列较小的项目。

3. 值得信赖的中介机构

第三方中介机构提供的优质信号能够促进市场参与者之间的信任。例如，Jin 和 Kato（2007）论证了第三方质量证明在繁荣收藏品市场方面的重要性。信用评级等中介机构不是简单的"高品质"，而是应该能够提供一个可证明的、真实的质量水平，为购买者提供一个可信的质量信号。在股权型众筹融资平台上，出资者也越来越多地使用 Facebook、Twitter 和 Linkedin 等大型社交网络有效回避道德风险。

总之，信誉是一个解决信息不对称风险的有效方法。市场两侧的用户可以采取多种方法来维护、提高他们的声誉，如质量信号、反馈系统和值得信赖的中介机构。然而，尽管这些机制在其他互联网市场上已经相当有效，但他们可能需要适应股权型众筹的具体特点。

（二）监测与监管

第二个机制是市场通过平台监测和行业监管克服信息不对称造成的市场

失灵。

1. 平台监测

股权型众筹融资平台为了最大化交易规模，不断根据用户行为修改它们的风险监测系统。例如，2013 年，Kickstarter 增拨人力资源和系统资源来监测欺诈风险。Kickstarter 管理层认为，此平台监测的益处是降低出资者风险、保护出资者利益，鼓励更多出资者参与股权型众筹平台，但会提高众筹平台的监督成本。但同时，Kickstarter 也提出，控制融资风险主要依靠资金提供者自己对项目管理者生产能力进行尽职调查，因为众筹平台只能在一个两难之间寻找平衡，即项目管理者（由于商业机密）选择的最小化信息披露与出资者（为了防范风险）要求的最大化信息披露之间的平衡。

2. 行业监管

为了保护出资者，美国 2012 年颁布的《促进创业企业融资法案》（*Jumpstart Our Business Startups Act*，JOBS 法案）要求美国证监会建立股权型众筹行业规则。这些规则主要表现在三个方面：①出资者在股权型众筹的任何一笔投资，必须限制在风险暴露水平之内。例如，该法案规定，出资者投资不得超过他们年收入或净资产的 10%，并且投资不得超过 10 万美元。此外，如果他们的收入或资产净值少于 10 万元，那么投资不得超过他们的收入或资产净值的 5%，投资上限为 2000 美元。②股权型众筹平台必须在美国证监会注册，对出资者进行投资风险教育，采取措施减少欺诈风险（例如，对董事和持股 20% 以上的高管进行历史检查），并且证明出资者在各个平台的投资金额没有超过他们的投资限定。③该法案制定了股权型众筹阈值机制，以防止生产者在无法筹集到足够资金的情况下仍然在股权型众筹平台进行融资。

（三）尽职调查

相对于传统的出资者而言，众筹出资者在尽职调查方面更具积极性。在传统融资市场上，法律对融资者资格和信息披露具有明确规定；传统出资者数量庞大，单个出资者通常只持有一个非常小的股权比例，因此花费时间和金钱对融资者进行尽职调查的激励较低，这就容易产生"搭便车"问题。在股权型众筹平台上，法律对融资者资格的限定较为宽松（或者没有明确规定），出资者数量一般少于传统股票市场，他们更关注平台上融资项目信息披露的真实性、准确性，对项目的创新性及市场前景分别给出评价。这样，更大数量的个人从不同的角度发现项目的缺陷，能降低出资风险。

但股权型众筹融资也有一些问题。一是人群受从众行为影响，容易出现"羊群效应"。现有的多数研究表明，股权型众筹平台上出资者把积累资本作为一个重要的质量信号。项目融资一般按照图 1-1 所示的难易程度进行融资。前期有亲戚朋友赞助的项目一般预期较好（Agrawal 等，2011），随后有众筹出资者选择，可以证明业内投资者对项目的评估和认可，这一融资次序可能反映出有关项目质量和公众预期等市场信息，出资者一般会选择前期具有一定资本积累的项目进行投资。从众行为在一定条件下导致次优结果。二是项目管理者可能操纵前期资本积累信息，吸引出资者。在极端情况下，生产者可利用融资路径依赖性质，在早期阶段注入较多的资本，利用信息关联吸引出资者，在筹集到一定规模的资金后撤回前期资本。当然，这个问题可以通过平台的规则和功能来控制。

（四）阈值机制

股权型众筹平台多采用某种形式的"阈值机制"（Provision Point Mechanism）。其机理是：项目管理者只有在一定时期内融资达到一定的门槛水平才能进行新增融资，否则要将前期筹集的资金全部退还给出资者，从而意味着融资失败。在提供公共物品和解决"搭便车"问题上，阈值机制是一个经典的协调解决方案。通过实施阈值机制，股权型众筹平台有助于控制项目管理者无限

期筹集资金的问题，降低出资者的投资风险。

▶ 第四节　风险与控制

尽管股权型众筹融资设计了具体可行的激励机制和市场约束机制，但仍然面临一些尚未克服的潜在风险，有必要对这些风险进行管理控制。

一、主要风险

股权型众筹融资主要存在法律及政策风险、项目管理者风险、定价与退出风险、出资者风险、其他风险。

（一）法律及政策风险

股权型众筹融资平台项目一般都未经有关部门依法批准，项目管理者往往以债权或股权等方式进行筹资，筹集资金对象是不确定的社会公众，并且承诺给出资者支付红利。尽管形式上是互联网金融，但实质上仍具有向非特定社会公众（超过 200 人）非法发行股票的法律风险。2014 年以来，我国有关部门出台了一系列规范性文件，但未修改有关法律规定。并且，这些规定对股权型众筹的态度不一。法律风险是国内股权型众筹融资面临的主要风险。

1. 对股权型众筹融资比较支持和肯定的规定

2011 年，我国股权型众筹融资市场出现，行业规范与法律制定也随之提上了日程。2013 年 8 月，国务院办公厅发布的《关于金融支持小微企业发展的实施意见》指出，要"充分利用互联网等新技术、新工具，不断创新网络金融服务模式"。2015 年 3 月，在股权型众筹融资试点被增补进政府工作报告的同时，国务院办公厅发出的《关于发展众创空间推进大众创新创业的指导意见》

也特别提到，将开展互联网股权型众筹融资试点，增强众筹对大众创新创业的服务能力。在 2015 年 7 月，十部委联合发布的《指导意见》明确表示，"股权型众筹融资中介机构可以在符合法律法规规定前提下，对业务模式进行创新探索，发挥股权型众筹融资作为多层次资本市场有机组成部分的作用，更好地服务于创新创业企业"，并将股权型众筹交由证监会进行监管。2016 年 8 月，国务院办公厅发布的《"十三五"国家创新规划》提出健全支持科技创新创业的金融体系，提高直接融资的比例，特别是"鼓励成立公益性天使投资人联盟等各类平台组织，培育和壮大天使投资人群体，促进天使投资人与创业企业及创业投资企业的信息交流与合作，营造良好的天使投资氛围，推动天使投资事业发展。规范发展互联网股权融资平台，为各类个人直接投资创业企业提供信息和技术服务"，体现了国家政策对互联网股权融资的支持。

2. 对股权型众筹融资限制的规定

2016 年 10 月，证监会等 15 个部门印发《股权众筹风险专项整治工作实施方案》，对平台业务进行了明显的限制，从几个容易发生风险的角度对平台业务加以限定，如禁止擅自公开发行股票、禁止非法开展私募基金管理业务。区域性股权交易中心作为股权型众筹融资平台项目股权退出的渠道之一，存在担保缺失、产品设计有漏洞、登记结算系统不规范等问题。2017 年 1 月 26 日，国务院发布《国务院办公厅关于规范发展区域性股权市场的通知》，目标是规范整治区域性股权交易市场，对抑制市场投机炒作、防范非法证券活动和非法集资行为、促进区域性股权市场健康稳定发展具有重要作用。

3. 法律及政策规定的不确定给合格投资人设定难题

股权型众筹融资平台发展之初，项目融资起投金额偏低，吸引大量投资者参与投资，符合监管所要求的公开、小额、大众特征。问题在于，股权型众筹融资平台是按照互联网非公开股权融资的制度设计，还是根据项目或平台的性质按照公开、小额、大众的特征设计，是从业者共同关注的问题。政策的不确

定甚至缺失——《证券法》修订尚未完善——造成行业从业者开展业务存在法律风险。

（二）项目管理者风险

股权型众筹融资来自项目管理者方面的风险主要表现在三个方面：

1. 隐瞒项目重要信息的风险

项目管理者为了降低商业机密泄密风险、提高项目成功融资概率，在披露中对项目的风险信息有所保留，甚至故意弱化或隐瞒关键性风险，强化预期收益。同时，在投资人门槛较低下的情况下，不少投资人尤其是跟投人受收益驱动，风险意识不强，对信息披露内容的认知欠缺，有的投资人金融知识欠缺、自我保护意识淡薄，还有的投资人抱有传统"刚性兑付"下的不合理诉求。金融信息化背景下，业务流程、产品设计等复杂程度提升，带来的预期纠纷事件的甄别难度也有所加大。

2. 项目失败风险

据国际比较典型的众筹融资平台项目有关数据统计（见表1-2），项目存在较大的失败风险。平台发布的项目中只有20%左右会被出资者选择，前期有出资者选择的项目只有60%左右能达到预定的筹资目标，筹集够资金的项目又有一部分实施失败。所以，众筹融资项目存在较大的失败风险，这对投资经验欠缺、风险忍受程度低的社会公众形成巨大的威胁。

3. 欺诈风险

（1）股权型众筹融资通过线上平台操作进行，存在互联网行业普遍的"水军"刷单情况，"水军"通过虚假留言，提升项目热度以吸引真实用户投资。

（2）一些众筹项目管理者发起项目的初始目的就是欺诈出资者获取诈骗收益。资金需求的项目管理者通过虚构创新项目、设计融资方案、出资报酬计划、朋友前期注资等方法，使创新项目更具真实性，获取众筹融资平台的信任

（或者两者合谋），成功发布项目并筹集资金，待一定时间后宣布项目失败，获得诈骗收益。

（三）定价与退出风险

股权型众筹出资者持有的股份变现的条件是：股份能够准确定价，众筹融资的项目或企业能够被收购或上市。这两个方面都存在一定的困难。

1. 定价难题

定价难题主要体现在项目定价方法的有效合理性和行业泡沫两个方面。单从股权投资的估值方式来讲，项目估值的方法就多达十种以上，行业内目前并无通用、标准化的方法。项目估值方法权威性的缺失导致一些股权众筹平台的估值流于形式。此外，股权众筹平台上的项目因行业的兴起会得到投资者的过度青睐，推升行业热度，催生行业泡沫。

2. 退出难题

退出难题指投资人在投资某一项目后，面临股权转让渠道受限的问题。股权型众筹融资平台上项目不确定性大、回报周期长、退出渠道单一。截至2017年6月，股权型众筹融资退出的主要方式包括项目再融资、项目上市、地方股权转让系统等。参与股权型众筹融资的投资人以财务型投资为出发点，鉴于股权型众筹融资的高风险、高收益、项目周期长等特点，投资人在获得一定股权后，如何使用合理高效的方法退出、获得收益是股权型众筹行业得以长期发展的关键所在。

（四）出资者风险

股权型众筹融资来自出资者的风险主要表现在：

在"领投＋跟投"模式下，跟投者的信息约束风险。跟投人基于天然的信息不对称和投资专业经验不足，主要通过绑定一致行动人，依靠专业领投完成

尽职调查和信息核实，而自身对有关风险认识欠缺。

在缺少政策提示和相关投资经验的情况下，广大出资者投资股权众筹的资金规模超过自身财务承受能力一定的限度，当项目失败时，引发出资者财务困境，或者为了追偿本金采取非法律过激措施，影响社会稳定。

（五）其他风险

股权型众筹融资还存在其他风险。例如，平台运行风险。众筹融资运行严重依赖于众筹融资平台，而众筹融资平台的风险包括平台方运行系统中断或崩溃的技术风险、平台方运作过程中的担保或违约风险、平台方与项目管理者的合谋欺诈风险、平台倒闭风险等。

在众筹融资迅速发展时期，可能存在被违法分子利用洗钱的风险。众筹融资平台的洗钱风险主要包括三个方面：一是项目管理者通过发布项目筹集资金，进行实体经营，将事先的非法所得夹杂在经营收入中清洗干净。二是项目出资者通过对筹资项目进行投资，将众筹投资所得与事先的非法所得进行混合，实现清洗目的。三是非法所得者通过建立众筹融资平台，将非法所得与平台费用收入混合，实现清洗目的。

此外，在法律没有约束规范的情况下，众筹融资平台拥有了项目管理者和出资者的大量信息，容易造成个人信息、企业信息、专利信息等保密信息泄露的风险。

二、风险评估

在上述的股权型众筹融资风险中，除了法律政策风险之外，出资者可对自身面临的风险进行评估。

(一) 自身风险承受能力评估

出资者自身风险承受能力评估的目的在于防止出资者超过自身风险承受能力过度参与股权众筹投资而发生破产的风险。众筹融资发布的项目一般属于初创阶段，经营失败的风险比成熟稳定企业要高。出资者对此类项目的投资资金不宜过多，否则风险发生时出资者的损失可能较大。因此，出资者首先应对自身的投资风险承受能力进行评估，自觉把风险锁定在可承受的范围内。此外，可由众筹融资平台对众筹融资出资者的风险承受能力进行测评，并由众筹融资监管部门对测评情况进行监督。

对众筹融资出资者风险承受能力评估的内容主要包括三个方面：出资者风险认知态度、出资者收入情况、出资者财富存量情况。

1. 出资者风险认知态度

众筹融资项目的风险要高于创业板市场，众筹出资者需要有客观的风险认知能力。基本包括：

（1）清楚了解众筹融资项目投资规则、项目进度和项目失败损失。

（2）了解企业生命周期和行业生命周期，对企业不同发展阶段的不同经营特点和经营风险有所认识，对不同阶段的融资方式和融资风险有所了解。

（3）了解众筹融资项目和创业板市场、主板市场上股权的风险区别。尽管众筹项目成长性强、业务模式新，但规模较小、经营业绩不够稳定，最关键的是众筹股权变现能力非常低，流动性弱。现实中，项目管理者多强调项目的收益性和股权转让的便利性，淡化了风险性。

（4）掌握在众筹融资平台网站、所投资企业的网站及其他网页搜集查询相关风险信息并进行初步风险评估的方法，根据融资说明书和平台规则紧密关注融资项目进度和成败。

2. 出资者收入情况

主要根据出资者的税后年收入情况，评估出资者的财富增长速度，以及出

资者的抗风险能力。

3. 出资者财富存量情况

主要根据出资者的财富存量情况，评估出资者比较合理的金融资产配置结构及众筹投资的合理规模。

（二）项目风险评估

项目风险评估是股权众筹融资风险评估的核心内容。发展初期的企业或项目缺少必要的信用信息、经营信息、资产信息等，投资者首先要评估项目成败的风险。项目风险评估的重点可以从项目创意来源、项目可行性、项目技术实力数据三个方面进行评估。

1. 项目创意来源评估

参与众筹融资的投资项目多是新产品型和削减成本型。对项目创意的评估首先应评估其来源，来源决定着项目的水平和市场潜力。一是众筹项目来源于现有的顾客调查。顾客调查有助于了解客户的新需求，根据调查掌握的客户新需求设计提供新的产品和服务。例如，一个生产计算机设备的公司，通过客户调查发现提供计算机维修服务是一个有利可图的新业务。二是来源于大型公司的研究和开发（R&D）。大公司研发部门在发明那些技术上可行且有潜在市场需求的新产品方面具有重要优势。例如，在制药业，R&D 几乎是所有新产品创意的来源。三是来源于市场竞争。例如，XYZ 是一家编写用于 PC 机的财务软件公司。如果他知道竞争对手 ABC 软件公司正在研制一种与他现有产品相竞争的高版本的新软件，XYZ 公司则会考虑提升自己产品的版本，或是考虑收购 ABC 公司。一家公司收购另一家公司也属于资本预算项目。

2. 项目可行性评估

项目可行性评估的重点在于技术水平及可行性、市场前景及可行性、项目创新持续性。

（1）技术水平及可行性。众筹融资出资者评价一项技术的创新水平，可以关注三个主要因素：一是该技术是否获取国家专利，是否获得相关行业专家的论证认可。这是独立第三方对技术水平比较客观的评估。二是该技术在国际市场上处于什么地位或水平，与国际上相关前沿技术相比有什么优势。这决定着项目产品在国内外的竞争能力和生命周期。三是该技术对原来技术进行了哪些改进，能产生多大的经济效益。这决定着项目对原来生产技术或商业模式的替代程度。

（2）市场前景及可行性。众筹融资出资者评价一项技术的市场前景及可行性，可关注三个因素：一是该技术解决了什么需求，所影响群体的广泛程度，或可能有多少社会群体参与。这决定了项目的市场定位和目标群体，决定了未来市场的份额和空间。二是该技术项目对原来市场结构会产生什么样的影响，是否面临强大的垄断企业的摩擦和阻碍，是否会很快被模仿。三是盈利模式，技术项目或商业模式的利润来源是否明确。

（3）项目创新持续性。在关注现有项目技术水平及市场前景的基础上，准备进行股权投资的出资者，还需要关注项目的持续创新能力。主要关注内容包括专业技术力量、工艺技术水平和设备先进程度、新产品开发能力、科技队伍等。

3. 项目技术实力的数据评估

通过分析项目技术实力数据，可以对上面的创新性和可行性进一步证实。主要从两方面来进行：一是从企业自身发展的角度，根据企业近三年的总资产、净资产、固定资产净值、在建工程、长期投资以及工艺技术装备水平等变化情况，分析项目管理者近几年业务拓展及经济实力的增长情况。二是从目前的资本实力（包括人力资本）、装备水平来评估其在行业中所处的地位和竞争优势。

主要方法有：①通过企业近几年来的资产负债表，分析其资产各栏目的变

化状况。在分析时应注意由于资产重估和资产重组带来的影响。②分析项目采用的主要工艺先进程度，列出主要设备清单，分析设备的先进程度，并与国内外同行业比较。③分析项目管理者的专利技术拥有情况、产品质量情况、市场占有率等。

（三）项目管理者及前期参与者评估

1. 项目管理者

项目管理者评估重在评估控股者（实质上的项目管理者）品质、企业管理素质和股权结构特征。无论是众筹融资，还是私募投资，管理者品质和能力是影响投资风险的关键因素。众筹融资项目管理者的品质包括其健康、性格、道德、文化、教育、素养、情商、智商等方面。特别是有助于项目成功的进取拼搏性格和项目挫折时的信用意识和坚韧性格，对于众筹项目管理者来讲尤为重要。

企业管理素质及职员素质评价主要关注企业管理体系是否能够有效解决职工激励约束问题，包括管理体系、管理制度、管理措施、管理成效、经营策略及风险控制、操作规程、岗位责任制与安全生产等方面。职员素质评估包括学历、专业技术、年龄结构、培训情况、职工精神风貌、职工职业道德等方面。

股权结构特征评估主要关注股权是否过于分散。一般而言，后期成功的创业项目，前期股东不应超过 3 个，而且第一大股东应有绝对的控股权。

2. 前期参与者

分析前期捐赠者、投资者的参与程度有助于判断众筹融资项目的风险、质量和水平。项目管理者的早期资金一般来源于个人储蓄、房屋净值贷款、个人信用卡、朋友和家人投资、天使投资和风险资本家。如果有较多的个人投入和朋友亲属捐助及投资，可以推断项目管理者对项目的信心和决心；如果项目有风险投资资金介入，可以推断项目得到市场上投资专家的认可。

股权众筹出资者通过对自身风险承受能力、项目风险状况、项目管理者情况、项目前期参与投资者情况等内容进行评估，有助于降低投资风险。

▶ 第五节　创新与发展

一、股权型众筹融资模式的持续创新

随着股权型众筹的不断发展，其商业模式需要创新和完善。市场上已经出现收益权众筹[1]，此类型众筹平台上的投资人享有投资收益但不占有股权。这样的创新和制度设计产生多方收益：目前我国对股权众筹的政策尚不明朗，并且在互联网股权融资的操作上，也存在时间周期长、手续烦琐等现实问题，而收益权众筹因为投资门槛相对较低、交易结构简洁，而受到投资人的青睐。此外，对于项目方来说，也愿意选择不占用股份的收益权众筹模式。通过收益权众筹方式投资，项目方公司不会因为股东的基数大而难以上市；同时，收益权期限不像股权那样具有永久性，在项目方兑现出资回报后收益权终止，可以避免众筹出资者长期分享企业经营利润。

创投孵化服务平台针对股权型众筹融资提供项目价值评估等增值服务成为创业的尝试方向之一。例如，因果树（InnoTREE）尝试通过人工智能、机器学习进行项目的定价估值。因果树根据内部计算模型机制，通过大数据和人工智能技术实现分类、聚类、分析、建模、评估。根据公司网站的介绍，因果树建立全网项目数据库，项目信息实时披露，其中涵盖知识产权数据、定点行业

---

①　收益权众筹是指项目发起人将某一商品、服务的未来销售收入的一定比例作为回报，以吸引众多投资者参与的一种资金筹集方式。

数据等，并实时跟踪分析每个项目在投前、投中、投后的信息，包括其所在行业状况、资本状况、项目团队水平、用户表现等。此外，因果树通过对项目信息实时收集、结构化分析、处理，帮助用户准确、及时地获取行业和项目信息。对每个项目进行行业归类，并对细分行业进行分析。包括记录每个行业的资本轨迹、市场容量、未来趋势，所在行业所有项目排名，绘制投融资关系。依托大数据，结合细分行业状况、资本投资趋势，估算细分行业的企业行为价值，根据企业成熟度，形成企业行为价值矩阵，为风险投资标准定价提供了依据。比如，因果树投资机器人依托平台大数据，人工智能评测，每周挖掘未来3~6个月内最可能获得融资的潜在明星公司。

部分股权型众筹融资平台引进 SPV（特殊目标实体）制度：先设立 SPV，投资人通过 SPV 间接持有股权型众筹融资平台上项目的股权；在后期股权转让退出行为中，只需 SPV 参与退出环节，无需投资人签字，节省运行成本。

二、股权型众筹融资平台项目有行业集中趋势

根据中关村众筹联盟发布的《2017 互联网众筹行业现状与发展趋势报告》，在股权型众筹融资平台上的项目中，先进制造、文化消费、餐饮消费、健康养老消费、体育消费等领域获得了市场青睐。该报告将 32 家互联网非公开股权融资平台累计成功融资项目按行业划分后，文化娱乐、餐饮、企业级服务等行业成功融资项目数量居前，分别为 102 个、75 个、74 个，占比分别为 10.2%、7.5%、7.4%；互联网金融、文化娱乐、企业级服务等行业成功融资额居前，分别为 7 亿元、7 亿元、6.8 亿元，占比分别为 9.78%、9.78%、9.5%。

部分行业的良好发展前景使得垂直型的股权型众筹融资平台开展起来。例如，成立于 2016 年的多彩投是专注于民宿行业的股权型众筹融资平台，根据民宿的消费性质，项目的投资人不仅通过投资得到股权，也获得一定的民宿使用权利，是股权型与物权型众筹结合创新的一种形式。实体店股权型众筹融资

以股权+权益的新型方式开展,其中实体店以餐饮行业为主,其主要优势在于可观的现金流,投资者通过投资享有实体店的股权和股权分红。

三、股权型众筹融资会成为资本市场中的重要组成部分

在金融市场中,直接融资比例高表现为资本市场的发达,间接融资比例高体现为银行系统的支柱作用。国际经验显示,金融市场随着经济体的发展由以间接融资为主向由直接融资为主进行转变。经济金融发展的历史与数据也表现出,以资本市场为主导的经济体在应对金融危机时的修复能力要强于以间接融资为主导的经济体的修复能力。

中国当前以间接融资为主,股权型众筹融资平台具有直接融资属性,是资本市场的有效补充,有助于我国多层次资本市场的形成。从项目管理者角度分析,较少受传统金融市场上国家统一审批的制约,在众筹融资平台上,全国甚至全球的项目企业可以自由出入,只要遵守平台规则即可,直接由市场出资者根据项目资质、创新度、信誉、预期等信息,评价项目优劣。从项目出资者角度分析,项目出资者选择股权对象不同于传统的股票市场。出资者增加了对初期企业的自由投资机会。传统金融市场,看似项目出资者可以自由选择上市公司,实质上只是选择政府审批后的企业,一些有创意、有市场前景的项目或商业计划并不一定能上市,投资者也不能选择。众筹融资平台上,出资者可以自由选择认为有市场潜力、符合未来发展的项目,并成为原始持股人。因此,股权型众筹融资是资本市场的有效补充。

一些城市已设立产权交易所,但原来交易的股权范围非常有限,并受到空间的制约,股权型众筹为产权交易所转化交易方式、扩大业务范围提供了有效的方法。传统的区域性产权交易所,由于外在信息约束使出资者面临太高的道德风险、项目风险和管理风险,项目出资者一般只能选择距离较近的企业。以互联网为基础的众筹融资不仅使地域因素不再重要,而且配套的信息披露激

励、回报激励等机制设计比较有效地解决了道德风险和项目风险问题。因此，以天津股权交易所为代表，区域性产权交易所纷纷接入股权型众筹平台，服务于股权型众筹平台股权流转和投资人股权退出。

四、引入行业评级，促成良性发展

2016 年 11 月，人创咨询、众筹家、外滩征信共同推出国内首份《中国众筹平台评级报告》，正式将第三方评级模式引入众筹行业。报告以长期积累的行业数据和征信数据为基础，依据企业背景、运营能力、信息披露、风控合规和影响力 5 个维度和 50 多个评测指标，构建了众筹平台综合评级体系，从400 余家众筹平台中，评选出 50 家优秀的众筹平台，并按综合得分将其分为A+、A、B+和 B 四个等级。众筹评级结果将为投资人筛选投资标的和政府开展行业监管提供重要的参考，进而推动行业健康发展。

▶ 第六节　案例分析
——中国互联网非公开股权融资代表之一：360 淘金

与其他互联网非公开股权融资所普遍运用的"领投 + 跟投"模式不同，360 淘金的运作模式在行业内具有一定的新颖性。

一、平台简介

360 淘金是 360 集团旗下互联网非公开股权融资平台，正式成立于 2016年 1 月，但平台在 2015 年 12 月已经开始运转并帮助项目进行募资。其中，IP（Intellectual Property）生态公司——艾企锐在 2015 年 12 月 29 日上线融资，收效较好，在平台上获得千万级募资，并在三个月后收到机构投资者的投资

意向。

根据 360 淘金平台网站信息,自 2016 年 1 月正式上线,半年时间达到 2.3 亿元的交易规模,其中,平台上 70%的项目获得下一轮的风投融资。截至 2017 年 4 月,众筹资金已超过 7.25 亿元。平台项目集中在文化娱乐产业,其中具有代表性的有唱吧麦颂 KTV、华尔街见闻、机手代班和星路"萌萌哒天团"等,并准备开展个人"IPO"股权型众筹(即网红投资)。

二、运作模式

(一)众筹项目的选择

360 淘金对众筹项目的选择主要基于三个标准:一是专业投资机构投资过的项目。360 淘金通过与其他专业投资公司合作,帮助那些机构已投资过的初创企业进行再次融资。二是处于特定融资阶段的项目。平台对项目所处融资时间段的选择主要集中在 Pre-A 和 A 轮之间,B 轮和天使轮基本不在平台考虑的范围之内。平台负责人透露此举是为了保证项目质量和融资成功的可行性。三是细分行业排名前三的公司。在具体的项目筛选中,360 淘金争取将细分行业排名第一的项目吸引到平台上来进行众筹型融资,因为第一名一般可以成功做到上市,第二名可能被相关大型企业收购,其他的则在市场份额中占比较小。按平台负责人的说法:要保证在平台上融资的项目是细分行业前三的公司,并将此定为筛选项目的最低要求和基本红线。这种运作方式使得 360 淘金更看重项目质量而非平台交易额的增长。在 360 集团的支持下,360 淘金可以从数据、营销、品牌建设、渠道、客户培育方面获得帮助,能够挖掘到细分行业或垂直领域的优质项目。

(二)投资者结构

360 淘金规定,项目管理者申请在平台融资前,应至少具有一家 360 淘金

第五章 股权型众筹融资

平台公布的《合格投资机构名录》中列举的机构投资人或在某个行业中具有较高专业度的专业投资人的投资。项目在平台融资成功前，该机构投资人拥有融资项目不低于5%的股权。这种做法可以在一定程度上保障专业投资者对项目创新性、可行性、风险性进行评价，降低项目风险，提升平台上项目的质量，帮助社会公众有信心地投资决策，提高了初创企业众筹融资的速度和项目运营效率。

360淘金规定专业投资机构之外的投资人为个人投资者，个人投资者需满足以下三个条件之一：年收入大于30万元，金融资产大于100万元，专业机构的投资人。投资金额从3万~5万元起投，每个项目的投资人数控制在100人左右。

（三）定价方法

360淘金市场定位是在两轮融资间具有资金需求的初创企业，对项目采取远期定价法。

1.基本原理

平台上的初创企业在平台上先行通过众筹获得资金。如果在规定期限，众筹项目未获得下一轮融资，则根据项目当前估值给投资者折算股权。如果在规定期限内，项目获得下一轮融资，则根据下一轮融资完成后项目的估值，给众筹融资时的投资人折算股权。此时，众筹投资者享有的股权面临一定的折扣，折扣程度根据项目获得下一轮融资的间隔时间决定，时间越短，折扣越低，众筹投资者享的股权越多，如图5-3所示。

117

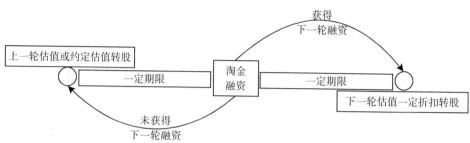

图 5-3　360 淘金私募投融资平台远期定价融资示意图
资料来源：360 淘金网站。

2. 案例示意

下面本书根据 360 淘金私募投融资平台在说明远期定价融资规则时所举的案例，进一步介绍股权众筹融资的远期定价法①。

▲ 某融资项目共发生三轮融资，第一轮融资后估值为 4500 万元，第二轮融资为股权众筹融资，第三轮为众筹融资成功后一定时期内再次获得的机构投资。

该项目在 360 淘金融资平台以远期定价融资② 方式众筹融资成功，并交割共计 500 万元。此时，融资人承诺如下行权条款：

融资人确认本次股权众筹融资的行权期为 18 个月，融资人承诺在如下行权区间，若发生合格新融资③（即该项目获得第三轮融资），融资项目的定价估值将按照如下方式计算（见表 5-1）：

---

① 规则及术语详细说明，请参阅 360 淘金私募投融资平台，https://t.360taojin.com/help/index/id/39。
② "远期定价融资"是指符合本（360 淘金私募投融资平台）规则的融资项目在申请上线募集时仅提交目标融资金额，不进行定价，融资成功后视为投资人对融资公司的债权，根据一定期限内（下称"行权期"）下一轮合格新融资或行权期满时根据上一轮融资（或约定估值）的估值定价并完成转股（下称"转股权"）。
③ "合格新融资"指在行权期内获得了机构投资人或知名投资人的投资，且该投资方的投资金额不低于平台投资人的投资金额，合格新融资包含多个投资主体，出资最高的合格新融资投资金额不低于平台投资人的投资金额。合格新融资的成就日为融资人与合格新融资的投资人之间正式交割法律文件（包括但不限于投资协议、股东协议，股东会决议等）全部签署完毕之日。

表 5-1　360 淘金融资项目估值方式

合格新融资发生时间	定价估值	补偿金费率
行权期首日①~满 6 个月	合格新融资投前估值100%	年化5%
7 个月~满 12 个月	合格新融资投前估值80%	年化5%
13 个月~满 18 个月	合格新融资投前估值70%	年化5%
行权期届满未发生	上一轮融资估值	年化5%

根据远期定价规则和补偿金费率，股权众筹投资者在投资同样金额时可能有不同的股权比例和补偿金，主要分为两种情况：

（1）融资项目在行权期首日后 14 个月（420 天）获得第三轮融资（即成就合格新融资），合格新融资投资款 1000 万元占 10%，成就日（即获得第三轮融资日）即为行权日①，股权众筹投资人与合格新融资投资人具有相同的股东权利（另有约定的除外）。此时，众筹融资股权价值计算如下：

$$众筹投资人持股比例 = \frac{众筹投资人投资金额 + 转股行权时的补偿金}{合格新融资投前估值 \times 折扣率}$$

$$= \frac{500 + 500 \times 5\% \times \frac{420}{360}}{\left[\frac{1000}{10\%}(1-10\%)\right] \times 70\%}$$

$$= \frac{529.17}{6300}$$

$$= 8.40\%$$

转股后的第三轮融资投资者和第二轮股权众筹融资投资者分别持股比例为（见表 5-2）：

---

① 融资人应向投资人承诺一定期限作为行权期，行权期的首日为融资成功后的交割日；行权期内，若经投后管理人审查合格新融资已成就，成就日为行权日；行权期内，若未出现合格新融资且未出现本规则加速还款的情形，行权期届满日为行权日。

表 5-2 投资转股后持股比例

投资人类型	投资金额（元）	投后持股比例（%）
合格新融资投资者	1000 万	10
股权众筹投资者	500 万	8.40

（2）若该合格新融资未能完成且至行权期届满（满 18 个月，540 天），未获得第三轮融资（未成就合格新融资），众筹投资者持股比例按照第一融资完成后的估值 4500 万元进行计算（见表 5-3）：

$$众筹投资人持股比例 = \frac{众筹投资人投资金额 + 补偿金}{第一轮融资后项目估值 + (众筹投资人投资金额 + 补偿金)}$$

$$= \frac{500 + 500 \times 5\% \times \frac{540}{360}}{4500 + \left(500 + 500 \times 5\% \times \frac{540}{360}\right)}$$

$$= \frac{500 + 37.5}{5037.5}$$

$$= 10.67\%$$

表 5-3 投资转股后持股比例

投资人类型	投资金额（元）	投后持股比例（%）
股权众筹投资者	500 万	10.67

这种模式下，平台将会承担筛选、尽职调查、募资、投后管理、投资退出等流程，相当于 VC 基金几乎全部的工作内容，并承担起对投资人的责任。这种定价方法可以吸引更多优秀的初创企业参与。优秀的初创企业一般不担心下一轮风投的获得，但更愿意进行众筹来保证现阶段的正常运营，并且能够快速得到所需资金，还能避免创始人的股权被稀释。对于众筹投资者而言，虽然承担了一定的股权折扣风险，但降低了项目经营失败的风险，而且可以获得一定的补偿金。

（四）多方位的服务

对于任何一个平台来讲，投资服务都是互联网非公开股权融资中的重要一环。360淘金通过三个方面改进对投资者的服务：一是简化投资操作。360淘金采用了沃通电子签，让投资方与企业签协议的速度大大提升，原来数十个工作日的流程往往可以在一天内完成。二是提供教育、投资信息等服务。据平台自身介绍，对投资人的教育也被纳入投资服务。2016年，360淘金上线淘金学院、淘金指数和淘金TV。淘金学院聚焦用户关注的内容，为用户提供私人订制的股权新闻。淘金指数是国内首款反映一级市场创业公司运营增长情况的投资参考工具。360淘金通过这些线上社区，丰富投资人的信息，提高客户留存度。三是提供专业投资者交流平台。360淘金开展数十期的股权投资相关的线上交流活动，与软银赛富、经纬创投、IDG和鼎晖投资等一线机构的投资总监、投资经理进行合作，在互联网金融、消费升级、医疗等领域，为投资人提供交流平台。

360淘金主要通过快速融资到账提升对项目管理者的服务效率。对于初创企业来讲，获得风投后的经营仍然需要大量资金维持，并且得到资金越快越好。据平台自身透露，先融资再估值的远期定价的模式使得项目方融资速度提高了70%。快速融资到账也为360淘金带来了竞争优势。

（五）员工激励机制

360淘金平台上投资经理的义务包括项目筛选、尽职调查、资金募集、投后管理和项目退出等方面。平台规定只有项目成功退出，投资经理才有资格享受收益分成。这种机制可以较为有效地激励督促投资经理筛选更为优质的投资项目。

▶ 第七节　本章小结

第一，股权型众筹融资是众筹的一种类别，具体是以互联网形式在线上为特定项目——其中以初创或者小微企业为主——向合格投资人发行股权进行融资，投资人用资金作为代价获得该项目的部分股权。

第二，根据股权型众筹融资中资金的募集方式和募集对象的不同，可简单分为互联网公开股权融资与互联网非公开股权融资。在行业的发展与相关法律规定的共同作用下，我国股权型众筹融资平台的发展以互联网非公开股权融资为主。

第三，根据股权型众筹具体运行方法的不同，可将其分为三种模式：个人直接股东模式、基金间接股东模式和集合直接股东模式。"领投 + 跟投"模式是世界上应用最广、最为普遍的股权型众筹融资平台的运营模式。

第四，股权型众筹融资本质上是初创或者小微企业的融资方式之一，与传统的私募融资进行比较呈现出以下三个特点：股权型众筹融资属于直接融资范畴；参与人数更为广泛；股权退出方式不同。

第五，股权型众筹融资通过声誉信号、市场规则、群体尽职调查和阈值机制四类市场机制发挥作用，减少信息不对称引起的投资风险。

第六，尽管股权型众筹融资设计了具体可行的激励机制和市场约束机制，但仍然面临一些尚未克服的潜在风险和挑战：信息不对称；定价与退出难题；政策变动风险。

第七，由于股权众筹风险较高，众筹出资者可首先对自身风险承受能力进行评估，防止过度参与众筹投资而发生破产的风险。这方面的评估内容主要包括：出资者风险认知态度；出资者收入情况；出资者财富存量情况；出资者众

筹融资项目投资情况。

第八，众筹出资者对众筹项目进行风险评估包括两个方面：一是项目评估。项目评估的重点可从项目创意来源、项目可行性、项目技术实力三个方面进行评估。二是项目管理者及参与者评估。项目管理者评估重在评估控股者（实质上的项目管理者）品质、企业管理素质和股权结构特征。前期参与者评估，在于分析前期捐赠者、投资者的参与程度，有助于判断众筹融资项目的质量和水平。

第九，随着股权型众筹融资的进一步发展，表现出商业模式创新、平台项目行业趋于集中、与区域性产权交易所融合、逐渐引入征信系统等特点。

第六章　知识产权型众筹融资

本章提要：本章在界定知识产权型众筹融资含义的基础上，以知识产权型众筹中的科研众筹为代表，介绍其发展背景、运行模式和运行机制。

▶ 第一节　概　述

一、概念

知识产权型众筹融资是一种依托众筹融资平台为知识产权项目筹资的新型融资形式，科研者在众筹网站上通过视频、图片、文字等资料发布有潜力形成自主知识产权的项目，并描述该知识产权所能生产的产品或提供的服务，以承诺研发成功之后给予出资人一定投资回报的方式筹集科研经费，当所筹资金达到预期额度后，科研者运用筹集到的资金开展研发项目。

知识产权型众筹融资平台在国内较少，仅能搜索到 2016 年成立的望远知识产权众筹平台和猪八戒知识产权众筹孵化平台。望远知识产权众筹平台项目领域包括生活服务、医疗、网络游戏、健康管理、网络教育、旅游、网络社交、LBS（基于位置的服务，Location Based Service）[①]、信息技术、IT 语音识别、移动支付、云计算、移动商务、平台、新兴技术、移动应用、手机游戏、硬件、游戏、数据、互联网+、互联网金融、O2O 等，截至 2017 年 7 月，众筹成功项目 9 个。根据该平台众筹成功的项目可以看出，这是一家知识产权转化平台，筹集资金用于技术项目的生产投资，而非用于创新研发，类似于预售型众筹。

而在美国等发达国家，知识产权型众筹融资的典型模式是科研众筹，本章主要阐述科研众筹的发展背景、运行模式和运行机制。

二、发展背景

由于美国政府对科研经费的划拨不断减少，由政府主导进行科研的模式开始产生变化。据站长之家（China Webmaster）2015 年一篇科普报告《科研项目都能众筹了，但它合法吗?》的介绍："通过美国爱荷华州立大学教授 Gail Bishop 了解到，曾经由政府划拨经费进行科研项目的比例能够达到总体科研项目的 25%~30%，但是，现在这个数字已经缩减到约 10%。所以现在缺乏研究经费的科研工作者开始寻求新的筹资渠道。"

与此同时，通信技术的不断进步，特别是"互联网＋金融"模式的不断发展，新的募集科研费用的形式——科研众筹（Research Crowdfunding）应时而生。科研众筹作为互联网众筹下的一类分支形式，以互联网平台为媒介连接科研工作者和互联网上的投资人，通过公众的力量来为独特的、对社会有积极意义的科研项目筹集资金。项目结束后，投资人将能获取一定的经济利益或另外的特殊回报。

---

① 据 360 百科解释，LBS 是通过电信移动运营商的无线电通信网络（如 GSM 网、CDMA 网）或外部定位方式（如 GPS）获取移动终端用户的位置信息（地理坐标或大地坐标），在地理信息系统（Geographic Information System，GIS）平台的支持下，为用户提供相应服务的一种增值业务。

全世界首家基于科研项目进行募资的互联网众筹平台 Experiment 于 2012 年在美国建立。Experiment 平台的创始人 Cindy Wu 曾是美国华盛顿大学的在读生，她在研究炭疽细菌的免疫疗法时无意间产生了一个新的想法——通过电子游戏的方式重新设计炭疽细菌的酶疗法。她异常激动地向她的指导教授提出了这一想法，并询问怎样才能筹集到支持这种研究的项目经费。但根据当时的规定，除了终身教授之外，一名在读大学生不能单独申请项目经费去开展科学研究。这样的制度深深地刺痛了 Cindy Wu 的内心，于是她毅然决然地舍弃了学业，和 Denny Luan 与 Skander Mzali 一同建立了 Experiment。

Experiment 专注于为那些缺少经费来源的学术和科研工作提供筹资服务。与其他众筹方式类似，缺少经费来源的科研人员将正在构思的项目通过互联网平台发布出来，包括项目意义、研究方法、开展思路、运行方案、项目的成果形式以及该项目最终所需要的经费总量。投资人通过平台了解项目并对感兴趣的项目进行投资，当项目资金满足设定的金额后，募资过程即宣告完成。项目募资成功后，Experiment 会扣取募资总额 5% 的资金作为管理费用。项目结束以后，参与投资的投资人均能得到记录研究进程的项目日记和分享项目成果。

该平台网站 2017 年 8 月的数据显示，Experiment 在生物学、社会生态学、教育学、经济学、物理学等 20 个领域设置了相应的募资板块。Experiment 上在线的科研人员已经超过了 8000 人，其中成功募资的项目 720 多个，成功率达 44.9%，投资人数超过 39300 人，募资总额约达 747 万美元。虽然目前在 Experiment 平台上发布的科研项目筹集资金额度相对较小，但是 Experiment 通过众筹的形式，拓展了科研项目费用的募资来源，降低了科研项目的准入难度，使越来越多的科研人员能够实现自己的科研梦想。

三、国内发展现状

从目前的发展情况来看，国内至今还未成立针对科研项目进行众筹的互联网平台，但存在着一些对科学研究进行众筹的尝试。据拍拍贷《中国首个重量级纯公益学术项目众筹》介绍，2014 年 8 月，中国上海发展研究基金会发起了国内首次带有公益性质的科研众筹项目，项目内容主要包括"上海发展沙龙名家晚宴""世界和中国经济论坛""中国经济论坛""上海发展研究基金会丛书""研讨实录"与"复旦卓越大讲堂"六个方面。该项目的发起机构为参与者设立了三类不同的资助回报：资助 1000 元能够获得参加其中一类活动的权利；资助 5000 元能够获得参加其中两类活动的权利；资助 8000 元能够获得参加其中四类活动的权利。但这次众筹活动的最后结果，该机构未对外公布。

在国内，另外一个科研众筹的案例是在 2013 年 11 月 19 日，浙江大学历史系教授陈新通过自己的新浪微博发布的"海外人文学术名刊译丛众筹计划信息"。陈教授想要借助公众的力量，来进行为期三年、每年一刊的国外权威期刊的翻译及其出版工作。陈教授在其微博中写道："支持金额为 1000 元，支持者将会得到出版后的全部三本书；假如支持金额为 40000 元，则会在所完成的期刊上署名支持者的名字。"该项目于众筹网发布，目标筹资额 14 万元，实际筹集 15705 元，项目失败。虽然这次众筹过程在本质上类似于预售型众筹，其与传统意义上的科研众筹还具有一定的区别，但这也是国内对科研众筹进行的首次探索。

目前，国内要创立专业的科研众筹平台还面临着一些挑战：

第一，国内缺乏对众筹融资模式、规则、界限做出清晰界定的法律条款。国内众筹融资表现出一种摸索式前进的发展状况，众筹平台各有千秋。此外，众筹融资的发展前景还未可知，这在一定程度上也制约了其系统化、规范化运行。

第二，国内的各个平台自身也存在着一定的问题。其一，国内缺乏专业的科研众筹平台，存在的少量科研众筹项目通常也是利用综合类的平台代为募资。其二，单从国内现存平台的管理模式来看，项目的募资金额一旦达到设定

阈值，平台只对项目的开展情况进行跟踪，对所募资的项目最终是否达到预定成果或项目是否准时结项，并不承担责任。大多数平台在整个融资的过程中更多只是起到一个中介的作用，对于科研众筹这种不带或是带有少量投资色彩的众筹模式来说，如何保障出资者的利益成了最为关键的问题。

第三，公众出资者就发布的科研众筹项目存在着担忧。普通民众缺少专业的鉴别能力，对发布在平台上的众筹项目，大多数人仅根据兴趣或情感去决定是否给予支持，对整个科研项目本身仅有浅显的认知，难以识别科研项目管理者是否有资质、有能力实现预期的成果，难以了解项目本身是否真正具备科研价值，更难以确定自身的资金是否被合理、有效地运用。

第四，公众出资者获得的实物回报较少。科研众筹的项目结束之后，支持者最后收到的一般是记录科研进程的项目日记、科研成果的共同分享与研究结束之后的感谢信等虚拟回报。少数的项目设置有实物和资金回报，但数额往往很少。在这方面，科研众筹与捐赠型众筹具有较高的相似性，公众对该类型项目的关注度较低。

第五，在实际运行过程中，一般核心的科研项目往往要求持续性的投入，尤其是大型科研项目所使用的科研经费庞大，项目所需的时间较长，对出资者流动性风险承受能力要求高，这容易降低投资者的投资热情。因而，对那些复杂的科研项目而言，科研众筹一般仅能成为项目资金的补充来源，让普通群众对大型的科研项目进行持续性的资金投入尚不现实。

▶ 第二节　运行模式与特征

一、运行模式

科研众筹涉及的主要参与者有科研项目管理者、众筹融资平台和出资者。科研项目管理者通常是拥有好的想法和创新思维却缺少科研资金的研究员或在校学生；众筹平台通常创建在互联网上，同时免费向所有用户开放；出资者可以为任意的个人或机构，并且没有设立限制条件。

科研众筹整个募资的过程以及募资结束之后的相关活动亦被称为"Campaign"。一次完整的 Campaign 过程也就表明此次众筹项目的成功。科研众筹的一般运行模式如图 6-1 所示。科研项目管理者向众筹平台提交一个构思完备、具有科技创新意识与学术研究价值的众筹项目。平台对项目管理者个人资料、项目内容、募资总额以及募资的截止日期等内容进行审核，平台审核通过之后在其网站上向所有网站的浏览者进行展示。一旦出资者对项目本身产生兴趣，即可通过向平台注资的方式对项目进行支持。当 Campaign 成功后，大部分平台在募资总额中提取一定比例的管理费用，管理费用的提取比例依平台而定（Experiment 提取固定的 8%）。最后，科研人员利用募集到的资金开始进行科学研究并及时向支持者反馈研究进展。但如果 Campaign 在固定的时间内不能募集到设定的阈值数量的金额时，平台就会执行图 6-1 中的过程④，即将前期支持者投入的资金退还。

另一类新的科研众筹运行方式正在被广泛地运用并取得成功。这种科研众筹好比大家一起"玩游戏"，科研人员先要设计出一款与自身科研有关的联机游戏，随后吸收大规模的游戏参与者进入游戏中，来协助科研人员模拟虚拟的

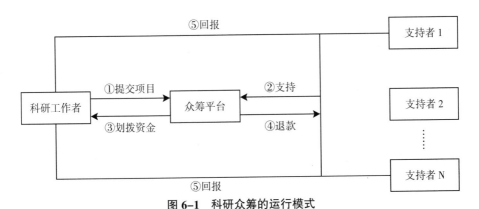

图 6-1　科研众筹的运行模式

资料来源：作者根据科研众筹运行模式绘制。

科研场景，最终通过参与该游戏的玩家和游戏的设计者（科研人员）一起合作用游戏的思维来解决现实中繁杂的问题。《电脑报》2014 年在《走出象牙塔：科研的众筹模式》中评价，这种"玩游戏"式的科研众筹具有提高科研效率、增强公众参与积极性的特殊优势，并在生物分子学和天文学等领域得到了广泛的运用。其中，在生物分子领域比较成功的有 ETERNA 与 FOLDIT 项目，在天文学领域比较有代表性的项目则为一款"银河动物园"的游戏，该游戏让参与者共同辨别银河图像。

在此以 ETERNA 项目为例介绍"玩游戏"对科研众筹的影响。ETERNA 项目源于 2014 年 2 月《美国国家科学院院刊》刊载的研究成果 RNA Design Rules From a Massive Open Laboratory，该项目由卡内基梅隆大学和斯坦福大学的 11 名科研人员主持设计，并由 3.7 万名科技爱好者作为"游戏玩家"共同参与完成。3.7 万名玩家共同加入到与"七大奇迹"和"消除方块"等相似的一类游戏里，根据自身的随意构造拟合出现实中的 RNA，来协助科研人员探索 RNA 在以前的研究过程中没有发现的特点和规律。在整个过程中，参与游戏的玩家虽没能为整个项目提供资金支持，但其自身仍然投入了大量的时间和精力。因而，该项目依然可以被看作一次成功的科研众筹。用这种特别的方式

进行科学研究现如今已得到了科学界的高度认同。伴随互联网、云计算、数据挖掘等技术的发展，科研众筹模式将不断被创新和优化。

二、特征

从组成因素、运行过程、内在风险和募资形式等角度来说，科研众筹和普通众筹具有相似的特点。然而，科研众筹的项目管理者一般是具有高端科技知识储备和科研才能的专业科研工作者，整个项目过程也被看作科研活动与互联网技术的深度融合。因此，科研众筹也有自身的特点。

（一）众筹出资者的报酬较为特别

相比而言，科研项目成功后的报酬比较特别，出资者在项目成功之后取得的报酬通常不是产品和资金，而是比较学术性的科研日志、研究报告、成果描述、学术汇报等虚拟回报。

（二）出资者在科研众筹中处于劣势

科学研究具有非常高的专业性、极度的复杂性和最终结果的不确定性，使得科研众筹相比普通众筹存在更高的信息不对称风险。例如，出资者知识储备的不足、平台难以精确审核、科研成果转化难度大、项目失败率高等。这些往往使出资者对科研众筹项目望而生畏，降低了募资成功的概率。

（三）科研众筹存在难以解决的产权转化问题

科研项目管理者一般需要全身心地投入科学研究中，不去考虑项目成果最终能否实现市场化，可能造成当前的需求跟不上超前的科研成果，使成果转化困难。另外，科技型产品一般都存在周期短、技术更新快的特点，对项目产权转化速度的要求较高。如果在一定时间内科研成果没有成功转化，可能很快被

其他更前沿的成果所替代。

三、科研众筹的社会作用

与传统融资渠道相比，众筹作为一种以互联网平台为支撑的新型融资手段，更具有竞争力和发展潜力。事实上，随着众筹价值的挖掘、意识的提升以及技术的成熟，科研经费的募资渠道将极大地拓宽，科研众筹也将极力发挥其作用。

（一）科研众筹可以有效地拓宽科研经费的募集渠道，实现学术独立

通过申报或分配取得科研项目，科研工作者基本上都需要在固定的框架和目标下开展项目研究，其研究内容存在一定的形式主义，研究结果缺乏大胆创新和特色。而在科研众筹的推动下，只要你有好的创意和想法，你就可以通过平台来募集资金，自由地开展科研项目，推动创新力度。

（二）科研众筹可以有效地削弱科研中过度的行政干预

国内的科研体系通常具有两个部门：行政管理与学术研究。行政管理与学术研究通常交织在一起，科学研究工作被行政部门过分干涉，造成研究成果中行政化色彩浓厚。科研众筹没有行政部门的干预，科研项目完全由市场上的投资者决定，摆脱了行政命令对科研过程和科研成果的约束，甚至在一定程度上可以促进国内科研体系的改革。

（三）科研众筹打破了对科研工作者的资历限制，降低了科研的门槛

国内外科研工作者但凡要独立地申请一项学术研究课题必须要具有与之相对应的资历，资历低的个人很难拿到足够的研究经费，很多具有市场价值的科研项目可能因为经费问题被搁浅。通过科研众筹，社会公众更关心的是项目本

身而非项目申请人的资历，这就给那些有足够好创意的非专业科研爱好者提供了一个"展现身手"的舞台。

（四）科研众筹可以在一定水平下降低国家财政资助科研的负担

科研众筹的兴起，有利于拓宽科研工作者的募资渠道，在传统的申请国家科研基金和寻求企业的横向支持以外，开辟出一条新的道路。

（五）科研众筹可以提升普通民众对科研事业的了解程度与参与积极性

科研众筹提升普通民众的科学文化知识水平，提高科研意识，培育大众投身科研创作的热情。科研众筹能够显著缩短社会公众和科研工作的距离，让普通群众与科研人员"面对面"地进行交流。在一些技术性不强的研究中，科研工作者可以把研究过程中的一些环节放在网上，采用众筹和众包相融合的形式，交由那些有兴趣的人来完成。这样不仅节省了科研项目的研究时间，而且通过公众的参与使得项目的实用性得到了质的提升。同时，社会公众直接参与到科研项目的研究中去，提升了对科学研究的认识，有利于科研成果的推广。

除此以外，科研众筹在减少科研项目申请过程中的信息成本、推进跨领域合作、加强信息共享、营造"大众创业，万众创新"的良好氛围、助推公司与集团精确掌握科技发展、提升知识产权转化率和协助社会群众成就"科研梦想"等方面均具有重大的意义。

▶ 第三节　主要风险与管理

科研众筹在所有众筹细分领域中开展时间较晚，作为科研与众筹相融合的一种新型募资方式，其自身也具有一定的风险。

一、主要风险

(一) 诚信缺失带来的风险

对于出资者来讲，诚信缺失带来的风险体现在两个方面：一是科研众筹项目管理者诚信缺失风险，即项目发布之初，科研项目负责人就开始利用自身的专业优势，隐瞒项目失败的可能情况、科研项目的主要缺陷、项目管理者的信用状况等重要信息，夸大科研项目的创新突破性和市场可行性。二是众筹融资平台诚信缺失风险，即众筹融资平台具有行为短期化的特征，为了业务的迅速扩张，未按照平台经营规则对科研项目进行严格审核，纵容了项目管理者隐瞒重要信息的行为。诚信缺失风险可能变为影响科研众筹持续发展的主要障碍，从中滋生出很多洗钱、骗捐等犯罪行为。

(二) 项目核心信息泄露风险

在开放的平台中进行科技创新和学术研究工作极易导致发明项目信息的泄露。科研项目的发布者为了提高平台的审核通过率和吸引广大社会公众的眼球，必然会详细地描述自己研究的意义、目的、过程以及创新点，这就很容易被品行不端的人据此进行抄袭甚至"山寨"。此外，国内知识产权的保护意识普遍不高，同时相关法律法规的执行难度较大，也使得科研众筹很容易陷入产权纠纷的旋涡中去。

(三) 监管缺失带来的风险

科研众筹是一类新型的众筹方式，所以在对其监督管理方面存在较大的空缺。由于国内还未搭建专业的科研众筹平台，使得监管机构在对科研众筹的进入条件、募资方式以及募资额度标准的设定上缺少参考标准，监管经验不足，监管制度缺失。

（四）认知偏差带来的风险

国内民众对科研众筹甚至众筹的认识通常不清晰，而且很容易同传统的捐款相混淆。在用感情进行支持的形式下，科研众筹易演化为以科研为幌子骗取公众投资的工具，从而失去它原来的意义。同时，关于科研众筹下的股权回报还未有明确的法律界定，这将使公众支持者对科研众筹保持较高的警惕而不敢对其投资。

普遍来看，社会公众在进行投资时缺少必要的专业知识，一般仅凭自身的意愿和偏好对科研项目进行资助，没有能力辨别科研项目是否具备研究的价值以及该项目本身能否最终取得成功，更不能对自身投入的合理使用情况进行行之有效的监督，这就可能导致学术不端行为的产生。

科研众筹的项目发布以及募资过程均是通过互联网作为媒介而运行的。在虚拟的网络空间中，科研工作者与项目出资者不能进行足够的沟通和交流，相比于现实生活，信任的建立在两者之间显得更加困难。这种由网络环境带来的距离感难以消除，并且会大大降低社会公众对科研项目的投资积极性。

二、科研众筹的风险管理

（一）众筹平台的公正与严格

严格设定出资者资质，规范科研众筹投资的能力标准。按照出资者的出资比例或者是投资偏好，适当划分其类型，一方面可以充分挖掘不同类型出资者的投资潜力，满足他们的投资需求；另一方面可以提高出资者的风险防范意识，降低投资风险。

准确评定融资项目价值，审慎考量资金的使用期限与金额。在了解整个行业情况的基础上，切实评估融资项目的价值，明确项目预计筹集资金的额度，规范融资项目资金的使用期限，控制融资规模。这样不仅能增加筹集资金的使用效率，优化资源配置，还能避免由于众筹融资项目设计不合理而导致的一系

列市场风险。

采用第三方平台资金托管。众筹作为项目融资过程中的中介平台，主要是为出资者提供项目导航、投融资信息交流等服务，以最终确保项目融资交易的完成。但是平台融资项目数量大、融资总金额巨大，为防止平台设立资金池，保障投资人的资金安全，一般可选用第三方金融机构对庞大的资金流进行托管，其中的资金管理费用由出资者与科研项目发布者共同商讨承担。

（二）科研项目管理者的自我保护和规划责任

完善知识产权保护机制，构建推广路径。从保护意识角度来讲，项目管理者必须不断强化知识产权保护观念，防止商业机密泄露，及时对项目成果申请专利。从推广机制角度来讲，众筹平台必须构建推广路径缓解信息不对称风险，实现出资者与科研工作者之间的信息交流，以确保项目成功开展。

明晰责任主体，确定权利界限。构建科学合理的众筹治理机制，在项目筹资之初的协定中确定项目管理者和出资者的权利与责任，明确阶段性成果与阶段性经费之间的配合进程，化解资金监督管理权与科研项目经营控制权的矛盾，确保科研工作人员对项目的主导权，使其重视项目持续有效的发展潜力。

（三）出资者自我培养和合理维权

学习相关知识，拒绝盲目跟投。当前，国内的众筹项目还存在发展不成熟、信用风险较高等问题，盲目选择项目跟投，会承受较大的风险，因而要深刻理解融资项目信息，努力提高自身的理论知识。出资人应通过判断自身现有的资源以及财力，根据自身风险承受情况，选择合适的项目进行投资。

时刻跟踪融资项目信息及进展，切实保护自己的权利。选定融资项目并进行投资后，出资者须不断关注投资资金的使用情况和一系列相关决策，如果出资者的合法权益受到侵犯，要及时维护自身权利，营造良好的融资环境。

▶ 第四节 案例分析

——Foldit：以玩游戏的方式来实现科研众筹

一、项目介绍

Foldit 是一款由美国华盛顿大学的生物化学学院、计算机科学与工程学院联合开发的一款在线网络游戏。该游戏将众包和分布式计算的思维融入其中，游戏的主要内容是探究蛋白质结构，具有科研性质。

该项目属于一类新兴的科研众筹模式。在该项目中，它所募集的并非传统形式的资金，而是用户通过参与游戏进行探索。它利用参与者的思考和想法来替换用计算机进行蛋白质结构计算，把寻找蛋白质最优空间结构的过程开发成一款游戏，让社会公众在玩游戏的同时还可以为有机化学的发展做一定的贡献。在整个游戏里，所有的玩家不仅可以上传自身已获取的最高得分的分子结构，还能够与其他的游戏玩家在线交流互动，增加蛋白质结构设计的灵活性。

二、项目目的

Foldit 项目旨在通过研究人类和计算机如何更好地协同工作，实现了解、设计和预测生物化学结构的目的。

三、项目内容

Foldit 项目通过建立游戏开发专家社区，对社区不断地更新和维护，为专家的深入研究创造条件。该项目主要内容如下所述：

（一）该游戏会收集和报告玩家在游戏中生成的数据

当玩家创建一个账户时，他在游戏运行中产生的数据将与玩家账户相关联。即使玩家在没有账户或离线的情况下进行游戏，系统也会通过为玩家分配匿名标识符的方式匿名收集数据。如果玩家使用第三方的账户登录，游戏中产生的数据也将与该项目提供的标识符相关联并报告给 Foldit。除此之外，游戏数据会与玩家的 IP 地址相关联，记录玩家在游戏中产生的生物化学结构，并对生成的游戏结果进行分析。

（二）该游戏会记录与存储玩家在游戏中的聊天内容和其他通信互动

公共聊天频道的内容会被记录和监视，以规范玩家的行为。当有开发人员或科学家参与聊天时，公共聊天频道将被用来汇聚玩家的创意以进行研究。当玩家自己建立用于记录和分析项目的聊天组时，私人聊天也将被记录。

（三）Foldit 会在网站上发布调查

为了更好地了解谁玩游戏，Foldit 可能偶尔在网站上发布调查研究。这些调查将设置诸如年龄、性别和教育水平等个人基本信息为主的问题，参与这些调查是完全自愿的。

（四）用于研究的数据会被公开或与合作者共享

游戏记录的数据将会在游戏中的网站上显示，并与该领域的专家进行共享，最后将分析结果用于相关的科学研究。在数据分析与玩家的账户名称进行关联时，Foldit 会与玩家取得联系，获得玩家许可。但是，如果玩家的账户名称没有与游戏进行关联，那么玩家在游戏中的数据会直接被使用。

（五）研究发现将被公开发表，但华盛顿大学将拥有所有权

游戏中所有重要的科学发现（如结构、算法等）都将公开发表。如果某些发现可能需要专利保护，华盛顿大学将进行专利申请。美国专利法管理每个发现者的知识产权归属。做出贡献的个体玩家将被认为是该研究的共同发明者。

四、项目运行流程

Foldit 项目在运行过程中的流程如下：首先，玩家在进行游戏前会进行一系列的操作演示，使玩家了解如何操作蛋白分子链以获得当前的最优分子结构；其次，系统会自动为玩家设计的分子结构打分，并且玩家设计的分子结构只有超过相应的分数后，才能继续进行更为复杂的设计；最后，游戏结束后，玩家可以上传自己的游戏得分以及该得分下的蛋白分子结构，科研人员可以通过"高分榜"对优秀的得分结构进行研究和分析，并在网站论坛上交流研究结果。

五、项目意义与成果

虽然物理制备蛋白质的理论方法已经相当成熟，但是在探究肽链怎样转换为蛋白分子的过程依然还存在着巨大的挑战，其空间结构的堆叠对算法还有极大的要求。但 Foldit 项目使用人类特有的三维成像能力，通过改变已解决的蛋白空间结构形成更优的解决方案，最终对实现预测肽链堆叠成蛋白结构的算法优化具有重大意义。

目前，Foldit 项目已取得了一定的成果。例如，在艾滋病病毒逆转录酶的研究上，科学家已经花费了超过 15 年的时间，但是游戏玩家仅花费了不到十天的时间就完成了其结构的破解。

▶ 第五节 本章小结

第一，科研众筹的概念：科研工作者以无偿或在研发成功之后给予出资者一定的回报的方式募集科研经费，当募资总额达到设定阈值时，科研工作者才能够利用这些资金开展研究的一种众筹融资方式。

第二，科研众筹的运行模式：科研项目管理者通过向互联网众筹平台提交一个构思完备、具有科技创新意识与学术研究价值的众筹项目，平台审核通过之后在其网站上向所有网站的浏览者进行展示，最后科研人员利用募集到的资金开始进行科学研究并及时向支持者反馈研究进展。

第三，科研众筹的特征：出资者知识储备不足、平台难以精确审核、项目失败率高等因素，让公众支持者对科研众筹项目望而生畏，降低了科研工作者的募资成功率；科研众筹相较于传统类型的众筹，在回报方面具有很大的劣势；科研众筹面对着尤其困难的产权转化问题。

第四，科研众筹的主要风险：诚信缺失带来的风险；监管缺失带来的风险；认知偏差带来的风险。

第五，科研众筹的风险管理：众筹平台的公正与严格；筹资人的自我保护和规划责任；投资者的自我培养和合理维权。

第六，科研众筹的社会作用：科研众筹可以有效地拓宽科研经费的募集渠道，实现学术独立；科研众筹可以有效地削弱科研中的行政过度干预；科研众筹打破了对科研工作者的资历限制，降低了科研的门槛；科研众筹可以在一定水平下降低国家财政资助科研的负担；科研众筹可以提升普通民众对科研事业的了解程度与参与积极性，提升他们的科学文化知识，推动科研成果转化。

第七章　股权型众筹融资的金融功能及比较

本章提要：众筹融资表面上是科技发展和金融创新相融合的产物，实质上是通过科学技术强化金融功能、提升金融资源配置效率的结果。根据兹维·博迪和罗伯特·莫顿的金融功能观，本章对股权型众筹融资的金融功能进行分析。

▶ 第一节　股权型众筹融资金融功能分析

兹维·博迪和罗伯特·莫顿从进行资源配置这一最基本的职能出发，列出了金融系统执行的六项核心职能：在不同的时间、地区和行业之间提供经济资源转移的途径；提供管理风险的方法；提供清算和结算支付的途径以完成交易；为储备资源和在不同的企业中分割所有权提供有关机制；提供价格信息，帮助协调不同经济部门的决策；当交易中的一方拥有另一方没有的信息，或一方为另一方的代理人时，提供解决激励问题的方法。本章结合前面分析的股权型众筹融资业务流程，分析其金融功能。

一、在时间和空间上转移资源

这一功能主要描述金融系统在不同的时间、地区和行业之间提供经济资源转移的途径。具体来说，股权型众筹融资的这一功能体现为两个方面：

一是帮助资金资源在同一经济主体不同的时间点之间进行转移，提高该主体整个时段上资金的使用效率。股权型众筹可以使项目管理者在前期缺少资金的情况下进行众筹融资、按计划进行投资生产。

二是在不同地点之间转移经济资源发挥重要作用。股权型众筹融资将资金从收益较低、使用效率较低的出资者手中转移到收益较高、使用效率较高的项目管理者手中。例如，德国的家庭可能拥有未被有效利用的实物资本（如卡车、拖拉机），而这些资本可以在俄罗斯得到更高效率的使用。传统的金融系统提供了许多机制，可以将资本资源从德国转移到俄罗斯。一种途径是德国公民投资购买俄罗斯公司发行的股票，另一种途径是通过德国银行向俄罗斯公司提供贷款。显然，股权型众筹融资把这一金融功能发挥得更为充分，众筹的出资者分布在全国各地，甚至全世界不同的国家（这取决于平台的影响范围），项目管理者也来源于国内外不同的地方，通过互联网众筹平台和信息处理终端，就可以实现资金在空间上的迅速转移。

因此，股权型众筹融资使经济资源在时间和空间上从获得相对较低收益的地方转向收益较高的地方，从而提高了资金的配置效率。

二、管理风险

股权型众筹融资具有一定的风险管理功能，但与传统金融体系相比存在一定的差别。

在传统金融系统中，正如资金转移时，风险也在转移。例如，商业银行通过吸收公众存款进行贷款，一定程度上承担了贷款的违约风险；保险公司更是

进行风险转移的金融中介，对发生约定风险的投保者进行赔付、承担风险。显然，股权型众筹融资的风险管理功能不同于商业银行和保险公司。

由于股权型众筹融资是直接融资范畴，风险管理功能体现在三个方面：一是众筹融资通过第五章阐述的激励相容、声誉信号、平台监测、尽职调查、阈值机制等机制一定程度上降低了出资者风险。二是出资者自身承担资金损失风险，并与项目管理者共同承担了项目失败风险。资金和风险经常是"捆绑"在一起，同时通过金融系统转移的。当资金从众筹出资者流向项目管理者的手中时，出资者就承担了项目投资失败的风险。三是通过第三方担保等措施降低投资资金风险。虽然资金和风险经常捆绑在一起，它们也可以被"松绑"。例如，股权型众筹融资采取的第三方存管措施可以降低投资者面临的众筹平台操作风险，第三方担保措施可以降低投资者资金面临的项目管理者项目失败的风险。

三、储备资源和分割股份

金融系统提供了一种机制，即可以储备资金以购买无法分割的企业股份，或者在很多所有者之间分割一个企业的股份。在现代经济中，经营一家公司所需的最低投资，往往超过个人甚至一个大家族的能力。金融系统提供了很多机制（如股票市场和银行），可以储备或聚集家庭的财富，形成资本投资公司。股权型众筹融资是对传统资本市场的发展和补充，通过互联网技术及相关机制，为更广泛的投资者和项目管理者提供股份分割功能，并且较少受地区空间的严格限制。

四、生产信息

股权型众筹融资在生产信息方面较为薄弱，主要由于信息内容较窄、影响范围较小，不具备传统金融系统那样提供价格信息、帮助协调不同经济部门的决策的功能。股权型众筹融资主要披露了项目管理者资质、前期投资者、前期资本规模、项目内容、项目发展计划、市场可行性、前期经营情况、预期收益、认筹股份份额和比例（可以计算出未认筹股份比例及价值）、项目在当前股权市场中的特色和竞争力、后期资本运营规划以及经营失败挽救措施等信息。项目管理者必须尽其所能地披露创意和回报计划，否则出资者很难做出比较全面的投资决策。项目的信息披露越充分，信息越为可信，项目更有实际创新意义、市场前景、高预期回报，出资者就会对其进行投资。遮遮掩掩的信息披露和讳莫如深的回报计划很难吸引投资者，必然被市场淘汰。这使得股权型众筹融资平台上的项目信息完善程度较传统金融市场也体现出一定的改进之处。

同时，股权型众筹融资在激励项目管理者披露信息的同时，具有一定的项目泄密解决机制。项目在融资过程中必须披露关键信息，容易引起商业泄密问题。在创新项目为了保护商业机密而未披露决定项目市场竞争力和运作成败的核心信息时，项目管理者采取的一些措施是：披露项目前期的投资者，如果前期有很多信用较好的亲戚、朋友进行了资助或投资，无疑会增加项目的可信度；披露项目管理者自身学历、教育背景、项目合作对象和信用状况；披露客户社会调查结果，通过对项目感兴趣的众多的社会投资者进行网络信息调查，核实项目信息的真伪。廖理等（2014）的研究表明，互联网投资者具有一定的网络风险感知，他们会主动在互联网上通过百度等方式搜寻查证平台信息和项目信息，而且投资者的网络安全风险感知越高，要求获得的风险补偿——投资收益也越高。这意味着股权型众筹融资投资者会借助于互联网的一些基本公开信息来验证、预测融资项目风险。

五、解决激励问题

专业分工的经济交易中，交易一方往往拥有另一方没有的信息，或一方作为另一方的代理人为其决策，出现信息不对称问题。信息不对称问题初步分为

逆向选择①、道德风险②和委托人—代理人问题③三个方面。此时，金融市场和中介机构的资源配置、管理风险、分割股份、生产信息等功能的发挥程度受到影响，资金配置的效率受到削弱。一个职能健全的金融系统有助于克服这些激励问题，从而使金融系统的储备资源、分割股份、风险分担和专业化等功能更好地发挥。股权型众筹融资仍然面临道德风险、逆向选择、委托—代理问题，解决这些问题的主要机制是第五章所分析的声誉信号、群体尽职调查和阈值机制。

为了防范股权型众筹融资的逆向选择，出资者会阅读项目管理者的信用记录、教育经历、前期熟人私募情况、阶段性认筹评价、项目的可行性及市场比较、平台对项目的核实情况、有关该项目的群体调查评价、独立的第三方机构评价等信息，进而降低选择坏项目的概率，提高成功概率。

为了防范股权型众筹融资的道德风险，出资者在声誉信号机制的基础上，判断融资项目的资本运营计划——主要关注点是阶段性资本融资计划及使用，根据项目阶段性的完成情况，更多倾向于选择具体可行的分阶段性融资项目。这一做法类似于风险投资中的阶段性投资策略，而且都是为了防范项目管理者融资成功之后不按照说明书中的情况使用资金或不努力导致项目失败的道德风险。项目管理者为了融资成功，也愿意将一个大型项目分为一系列有效的小项目，降低阈值机制下众筹失败的风险，并且小项目之间存在阶段性递进关系。

当关键的任务由他人代办时，会产生委托—代理问题。众筹融资的委托—

---

① 逆向选择指的是市场交易的一方如果能够利用多于另一方的信息使自己受益而对方受损时，信息劣势的一方便难以顺利地做出买卖决策，价格便随之扭曲，并失去了平衡供求、促成交易的作用，进而导致市场效率的降低。

② 道德风险是从事经济活动的人在最大限度地增进自身效用的同时做出不利于他人的行动，或者当签约一方不完全承担风险后果时所采取的使自身效用最大化的自利行为。

③ 在委托—代理的关系当中，由于委托人与代理人的效用函数差别，委托人追求的是自己的财富更大，而代理人追求自己的工资津贴收入、奢侈消费和闲暇时间最大化，从而导致两者的利益冲突。在没有有效的制度安排下，代理人的行为很可能最终损害委托人的利益。

代理问题较不明显，主要原因在于项目管理者一般是创新项目者，同时又是项目生产者和融资的运作者，此时企业还未发展到董事会—监事会—经理层的公司治理结构层面。

综合上述分析，观察出股权型众筹融资在时间和空间上配置资源、管理风险、储备资源和分割股份、解决激励问题等方面具有重要的金融功能。

▶ 第二节　本章小结

第一，股权众筹融资使经济资源在时间和空间上从获得相对较低收益的地方转向收益较高的地方，从而提高了资金配置效率。

第二，股东型众筹融资风险管理功能体现在三个方面：一是通过激励相容、声誉信号、平台监测、尽职调查、阈值机制等机制一定程度上降低了出资者的风险。二是出资者自身承担资金损失风险，并与项目管理者共同承担了项目失败风险。三是通过第三方担保等措施降低投资资金风险。

第三，股权型众筹融资是对传统资本市场的发展和补充，通过互联网技术及相关机制，为更广泛的投资者和项目管理者提供股份分割功能。

第四，股权型众筹融资通过声誉信号、群体尽职调查和阈值机制解决所面临的道德风险、逆向选择、委托—代理问题。

第八章　股权型众筹融资的监管

- -

本章提要：本章主要分析了股权型众筹融资监管现状，进而从主体资格、经营范围、市场准入、信息披露、监管评估、违法处理等方面对国内股权型众筹融资监管的改进和完善提出建议。

▶ 第一节　概　述

一、监管的意义

2012 年后，众筹融资作为一种新兴的融资方式发展非常迅速。然而，由于国内众筹融资监管缺失，使得众筹活动缺少行业标准及相应的行业监管。国内众筹网站和众筹模式呈现良莠不齐的状况，隐含较大的风险，需要加强监管以降低风险。具体而言，众筹融资监管的意义主要包括以下三个方面：

（一）能够降低众筹融资的金融风险

作为一种金融创新，互联网金融具有互联网、金融以及二者合成之后的三重风险，特别是其碎片化、跨界性和传染性的特点可能会导致新的金融风险。例如，项目管理人身份识别困难、出资人信息泄露、客户信息滥用等互联网金融的特有风险；第三方资金存管及其资金安全问题；潜在的重大技术系统故障及其可能引发的金融基础设施的风险；基于人为和程序技术的操作风险。金融的高风险性与互联网的广泛涉众性结合必然使互联网金融比传统金融风险面更广、传染性更强。因此，从风险防范角度看，对互联网金融及众筹融资活动实施监管意义重大。

（二）能够改善融资的信息不对称问题

众筹融资所依赖的互联网技术快速发展，使得信息在网络上传播具有速度快、信息量大等优势。投资者会主动通过网络收集必要的相关信息，从而改善了传统金融所面临的信息不对称问题。然而，虚假信息也得以快速传播，提高了投资者获取准确信息的难度和成本；同时，更加频繁的金融交易增加了所需收集处理的信息总量，从而使得信息收集的成本不仅不会减少，反而还可能加大。当前的互联网金融市场仍然处于非理想状态，与有效市场差距较大。同时，信息不完全、不对称和交易成本高等因素仍然一定程度上存在，使资源自由配置机制经常失效。因此，互联网技术虽然在金融中广泛运用，但改善金融市场缺陷的效果受到影响，对互联网金融进行监管势在必行。

（三）保护人数巨大的消费者利益与权益

互联网金融投资人与产品服务提供商之间存在信息不对称问题，使得产品服务提供商可能发生欺诈行为，投资人在不了解相关风险的情况下遭受财产损失。例如，部分互联网金融产品在网络销售时仅强调预期收益的高低，却较少提及产品的风险状况和投资策略等关键信息。金融产品消费者自身金融知识的匮乏以及产品销售过程中可能存在的欺诈行为，都可能使得投资人无法准确把

握风险状况，从而遭受损失。因此，完善众筹融资的监管，有助于众筹融资的参与者更好地规避潜在风险。

二、国外代表性国家股权型众筹监管制度分析

股权型众筹融资模式产生于市场经济发达国家，相关代表性国家的监管制度和监管方法具有重要的参考意义。

（一）美国众筹监管与 JOBS 法案

美国对众筹融资的监管框架，可概括为两层多头，即联邦政府与州政府共同监管，除证券监管部门外，金融消费者保护局、联邦贸易委员会及存款保险公司也对众筹融资负有监管责任。2012 年，美国颁布的 JOBS 法案确立了众筹平台作为新型金融中介的合法性，明确了平台权利与义务的基本原则，为众筹行业的发展提供了前瞻性的监管指引。JOBS 法案对众筹的监管主要体现为"有限度的豁免与平台备案"，具体内容包括以下几个方面：

1. 在保护投资人减少遭遇资金诈欺风险方面，JOBS 法案限制了潜在的资金损失

JOBS 法案规定了投资者被允许投资在所有众筹产品的最高上限金额，此监管方案属于结构性保护政策。如果一个投资者的净资产或年收入在 10 万美元以下，他在众筹证券上投资额最高为 2000 美元或年收入的 5%。5000 美元成了大多数美国人的众筹投资金额。收入超过 10 万美元的高净值投资人获准投资的金额更多一些，当然也可能损失更多一些，但他们也受到了制约金额的保护。比如一个年收入 30 万美元的投资者每年投资所有众筹证券的总额度将只被允许在 3 万美元以下，即年薪的 10%，拥有更多资产的投资者也被限制在每年 10 万美元。

2. 制约投资人融资金额，保护投资者利益

JOBS 法案对众筹发行人及中介机构的要求：一是发行人在美国证券交易委员会（SEC）完成备案，并向投资人及中介机构披露规定的信息。法案根据发行人目标融资金额将其划分为三类：目标融资不超过 10 万美元、高于 10 万美元但不超过 50 万美元以及高于 50 万美元，并给予了不同的财务信息披露要求。二是不允许采用广告方式来促进发行。三是对筹资人如何补偿促销者作出限制。法案规定，假如促销者无论在过去或是将来，在与投资者每次沟通时没有披露其将会从筹资者处获得的补偿，SEC 将禁止这种促销发行。四是筹资人必须向 SEC 和投资者提交关于企业运行和财务情况的年度报告。JOBS 法案要求中介机构不能持有投资人的资金或者证券，不允许向其提供投资建议，不可以劝诱或通过他人劝诱购买所提供的众筹证券等。另外，中介机构还承担了一系列责任，即向 SEC 和潜在投资者发布筹资人的财务报表信息；当众筹发行未达到目标金额时帮助投资者取消投资并收回本金；对投资者收集信息进行隐私保护等。

3. 防范系统性金融风险

100 万美元是 JOBS 法案要求证券发行人每年众筹金额的上限。特别强调的是众筹交易不能直接在发行人和投资者之间完成，而是必须要通过在 SEC 注册的金融中介机构来执行。中介可以注册成经纪自营商，或者获得为众筹新创设的专项中介牌照"集资门户"。这些金融中介机构一方面承担了对投资人教育的责任，另一方面承担了对发行人必要的尽职调查。规范中介机构可以降低系统性风险，其内容包括对发行人高管、超过 20%的股东进行背景调查和相关证券监管执法历史纪录的核查。还可以采取其他市场手段，如类似电商的信誉评价机制来有效引导众筹市场的健康发展。

4. 信息披露实施差异化政策

美国过去 IPO 市场的经验表明，强制性披露很容易推高发行成本，所以

JOBS 法案中关于信息披露的要求不再"一刀切"，而是根据发行规模，要求相关企业对财务状况进行不同层次的披露。对于 10 万美元或以下的发行额，在过去财政年度的所得税纳税申报表和未经审计的财务报表只需由主要行政人员确认无误即可。对于 10 万美元到 50 万美元的发行，财务报表需要一个独立的会计师审阅。而对于 50 万美元到最多 100 万美元的发行，财务报表需要经审计。美国 JOBS 法案对众筹提供了新的监管思路，特别是从强制注册和信息披露重点转向设定投资者投资上限，监管中介门户与筹资人并举。这样既柔和又审慎的监管制度降低了小企业的融资成本，促进资本形成，又对投资者进行了有力的保护。

（二）英国 FCA 规范众筹新规则

英国的众筹融资在监管框架上从"三方监管"——中央银行、财政部和英国金融服务管理局（FSA），逐步转变为"双方监管"——英国审慎监管局（PRA）和英国金融行为监管局（FCA）。其中，FCA 成为众筹融资的监管主体。FCA 十分强调消费者保护，其对众筹融资的监管也聚焦于消费者保护。FCA 制定了《关于网络众筹和通过其他方式发行不易变现证券的监管规则》。新的监管规则将"在电子系统经营借贷有关的活动"纳入"被监管的行为"范畴之内，此类中介平台需要得到 FCA 授权经营，提升了众筹融资的安全性。除此之外，围绕金融消费者保护这一监管目标，FCA 建立了平台最低审慎资本标准、客户资金保护规则、信息披露制度、信息报告制度、合同解除权（后悔权）、平台倒闭后资金管理安排与争端解决机制七项基本监管规则，其中信息披露制度是众筹融资监管的核心规则。

1. 投资者限制

投资者限制是英国众筹监管规则的重点内容。FCA 提议所有的众筹平台必须核对其客户在回应报价之前，有必备的认知风险的知识和经验。并且要求相关公司通过众筹平台（或其他媒介）直接报价进行促销并销售未上市证券时，应仅面向下列投资者：专业投资人、零售投资人、有风险投资经历或有企业融资经历的零售客户、被认证为或自我认定为成熟投资者的零售客户、被认证为高净值投资者的零售客户。零售投资人需被证明在投资未上市股票和债券时，其投资金额将不会超过其可投资的净金融资产的10%，即其保证投资后不会影响其基本居住条件、养老金和寿险保障。

2. 适宜性评估

FCA提议所有众筹平台在向零售投资者促销非上市证券之前，按照《商业行为准则》规则进行适宜性测试。当众筹平台对投资者进行金融产品促销时，按众筹监管规则需要把投资者当作潜在客户。按照《欧盟金融工具市场法规》，在与零售投资者进行涉及某些复杂金融工具的交易之前，平台需要评估客户是否具有认知风险的必备知识与经验。无论是众筹平台进行促销还是直接销售，抑或是促销或销售之前，FCA期望平台都能够应用这种评估方式，并将其作为众筹网站在线注册流程的一个部分。

3. 风险提示

FCA要求产品和客户承诺中的相关风险需要有直白的、清晰的、突出的风险提示。从所投资产品的本质来看，不同的非随时可变现证券的风险存在较大差别。因此，不同的环境、不同的产品和不同的投资者应该给予不同的风险提示。

4. 信息披露

FCA要求融资平台设计与实施金融产品促销时必须符合相关法律法规，特别是保证符合公平、清晰、没有误导性的要求。股权型众筹融资平台提供的服务信息主要包括：股权型众筹融资风险情况评估描述；项目预期收益；有关税收计算信息；平台处理违约的程序等。FCA强调，在信息披露中应表明此类众筹融资并不在金融服务补偿计划范围。除了信息披露，为便于监管机构了解股

权型众筹平台的风险情况，此类平台应向 FCA 提交报告。这些报告的内容包括：财务状况报告、客户资金报告、投资情况报告和投诉情况报告。

5. 尽职调查

为了满足金融产品促销规则，FCA 期望平台提供足够多的细节来平衡风险与收益，包括是否对被投企业进行了尽职调查，尽职调查的程度以及分析得出的结论。当产品与企业投资计划相关，或与种子企业投资计划相关时，FCA 期望平台能够根据客户的不同情况厘清如何进行税务处理以及未来可能发生的变化。英国众筹监管规则推出的主要目的是为了保证投资者的利益，即保证投资者已经意识到并且可以承受可能发生的风险，该规则一经推出便受到了英国众筹融资业界的认可，为英国众筹融资行业的发展奠定了坚实的基础。

（三）德国

德国的众筹融资市场发展尚处于初级阶段。德国政府在 2015 年一季度公布了一部法律草案，将对金融市场进行更严格的监管，对众筹行业将实行严格限制。草案规定：个人单次风险投资金额不超过 1 万欧元，如果企业想从零售投资者处融资至少 250 万欧元，其必须提供详细的招股说明书；初创企业必须公开众筹的潜在风险；在众筹资金到位的 14 天以内，投资者有权要求融资企业退款；德国联邦金融监管局可以限制被认为有问题的广告；单次风险投资时，个人投资者的投资金额不能超过 1 万欧元；投资超过 1000 欧元的投资者，其流动资金要超过 10 万欧元，或每月净收入超过其投资额两倍以上。

（四）日本

在日本，针对金融领域的监管由最高级别的监管机构——金融厅负责。金融厅针对众筹融资，设置了较为科学合理的监管框架。2014 年 5 月，日本通过《金融商品交易法等部分修改法案》，法案提出了两种适用特例，建立了小额证券发行豁免制度，降低了准入难度，并对投资者保护、业务管理体制等加以完善。

1. 将股权众筹的准入条件放宽

法案对通过网络等进行有价证券的公募或私募融资，以及借由网络进行小额投资的股权型众筹参与者做了不同的定义。其中的特例金融商品从业者将不受原来《金融商品交易法等部分修改法案》某些条款的限制，即某些人或机构在进行股权型众筹融资时得到了准入注册申报豁免，这大幅放宽了股权型众筹的准入条件。

2. 完善了投资者保护制度

《金融商品交易法等部分修改法案》要求股权型众筹融资平台通过网络进行适当的信息披露，并负有对初创企业进行尽职调查的义务，以减少众筹中的欺诈现象，健全信用机制。

3. 修改了非上市股份的交易制度

《金融商品交易法等部分修改法案》明确一般投资者可以以股东的形式，在有限的范围内采用自助规则进行股票交易，并且不受内幕交易规则的约束，这一举措减轻了非上市企业的负担。

日本此次众筹监管制度的出台，大幅放宽了股权型众筹的准入条件。

三、国外股权型众筹监管制度的要点

通过概述几个典型市场经济国家众筹融资的监管方法，可以总结出以下四个共同要点：

一是认可众筹融资的合法地位。几个代表性国家（地区）都用专门立法认可了股权型众筹模式，并加以有效规范，并对股权型众筹中融资者资格、投资者资格等加以规定。借鉴美国的立法经验，其在 JOBS 法案中设置"安全港"，对利用股权型众筹模式的发行行为予以豁免，使初创企业获得比一般公开发行

较低的门槛要求。

二是利用各机构优势，发挥不同的监管作用。英国的股权型众筹分层监管模式最明显。PRA 负责宏观性原则监管，FCA 负责制定实施细则。从信息获得规律和监管强制力的角度分析，PRA 拥有最高的监管强制力，但是其获得市场信息的能力较为薄弱；而 FCA 虽监管强制力弱，但获取市场信息的能力较强。根据各个机构的不同特点，赋予其相应的监管职责，会达到事半功倍的效果。

三是注重投资者保护。在美国、英国立法中都将投资者保护作为股权型众筹立法的重要环节，在投资者适当性、信息披露、众筹平台运营规则等方面进行了诸多具体且严格的规定。如英国规定，众筹平台可以对众筹项目进行解释、说明，但一旦构成投资建议则会被禁止，平台向投资者提出投资建议需要 FCA 的授权。美国对众筹平台的义务进行了详尽的规定，如必须对融资过程中的商业风险和投资风险进行说明等。

四是充分发挥行业自律的作用。从英国的监管来看，英国 P2P 金融协会（The Peer-to-Peer Finance Association，P2PFA）作为一个非营利性、非官方的组织，很好地发挥了规范和促进 P2P 网络借贷行业发展的作用。我国也于 2016 年成立了中国互联网金融协会，发布了网络借贷信息披露标准和自律规定，为推动我国 P2P 网络借贷行业的发展发挥了积极作用，但截至 2017 年 6 月，在股权型众筹融资方面的自律监管几乎为空白。众筹融资平台应当结合自身发展的特点，对各自潜在的各项风险进行梳理，提高自身的风险管控能力。

▶ 第二节　国内股权型众筹融资的监管与规范

一、监管法律及法规

（一）《证券法》相关规定

当前我国与众筹融资有关的基础法律主要是《证券法》。《证券法》规定，未经依法核准，任何单位和个人不得公开发行证券，不得向累计超过 200 人的特定对象发行证券。我国众筹平台在募集资金过程中往往是面对不特定的对象，而且人数也往往超过 200 人。因此，众筹融资通常会触犯《证券法》中关于公开发行证券的规定。当前，我国的众筹融资均是在未得到相关部门核准的情形下进行的，从法律层面讲是违法行为。为了规避法律合规风险，我国众筹模式大多采用商品众筹的模式把投资行为演变为团购和预售行为以规避这一风险。

此外，股权型众筹平台为了规避法律风险会采取成立有限合伙企业的方式，由众筹出资者先成立合伙企业再由合伙企业对众筹项目进行投资。《证券法》第十条规定，"非公开发行证券，不得采用广告、公开劝诱和变相公开方式"，股权众筹在众筹平台上的项目宣传行为与"变相公开"行为难以清晰界定。2015 年 4 月，股权众筹的公开发行被写入《证券法》修订草案之中①。草案建议，通过证券经营机构或者国务院证券监督管理机构认可的其他机构以互联网等众筹方式公开发行证券，发行人和投资者符合国务院证券监督管理机构

---

① 中华财经网.《证券法》修订草案推出，股权众筹法律地位进一步明确 [EB/OL].［2015-04-24］. http://finance.china.com/fin/lc/201504/24/7227859767.html.

规定条件的，可以豁免注册或者核准。《私募股权众筹融资管理办法（试行）》（征求意见稿）在"禁止行为部分"中指出，"禁止通过本机构互联网平台为自身或关联方融资"，利用自身平台为自己的企业融资是不合规的。

（二）规范性文件及相关规定

为规范股权型众筹融资市场，2015 年以来，国家层面已经印发了一系列规范性文件，对众筹融资的类型、业务进行了较为明确的规定，但相关法律未及时修订，使日常使用的规范性文件与权威性更高的法律相冲突。例如，中国人民银行等十部委于 2015 年 7 月印发的《指导意见》规定，"股权众筹融资主要是指通过互联网形式进行公开小额股权融资的活动，股权众筹融资必须通过股权众筹融资中介机构平台（互联网网站或其他类似的电子媒介）进行"，对股权型众筹的存在进行了肯定。2016 年 9 月印发的《国务院办公厅关于严厉打击非法发行股票和非法经营证券业务有关问题的通知》和证监会等十五部门于 2016 年 10 月印发的《股权众筹风险专项整治工作实施方案》（以下简称《实施方案》），严禁擅自公开发行股票，严禁变相公开发行股票，对股权型众筹进行了约束。然而，这些规范性文件并未界定清楚股权型众筹与非法发行股票之间的根本区别。因此，国家需要进一步修订完善法律，以立法形式对众筹融资进行规范，降低规范性文件的随意性。

二、监管部门及职责

（一）对股权众筹融资监管部门的初步划定

《指导意见》初步划分互联网金融监管责任，并在界定股权型众筹融资业务范围的基础上，明确其监管部门。《指导意见》明确：股权型众筹融资主要是指通过互联网形式进行公开小额股权融资的活动。股权型众筹融资必须通过股权型众筹融资中介机构平台（互联网网站或其他类似的电子媒介）进行。股权型众筹融资业务由证监会负责监管。截至 2017 年 6 月，未见证监会官方网站明确具体监管股权型众筹的部门。通过查阅证监会网站披露的各部门职能分工，涉及股权众筹监管职责的部门主要有非公部、打非局（证监会官方网站给出的部门名称，未查询到具体全称）。其中，非公部负责"拟订股份有限公司公开发行不上市股票的规则、实施细则；审核股份有限公司公开发行不上市股票的申报材料并监管其发行活动；核准以公开募集方式设立股份有限公司的申请；拟订公开发行不上市股份有限公司的信息披露规则、实施细则并对信息披露情况进行监管"。打非局负责"拟订区域性股权转让市场的监管规则和实施细则；承担打击非法证券期货活动的有关工作，负责对非法发行证券、非法证券期货经营咨询活动等的认定、查处；承担清理整顿各类交易场所的有关工作"。

（二）对股权型众筹融资的行政监管

在股权型众筹融资的行政监管方面，目前监管部门主要是以监督者的角色，观察和监督众筹行业运行状况，保持行业稳定发展，并在发生众筹融资违法违规个案时介入监管，避免个案风险的扩大，而且会基于某些违法违规案例对其他众筹平台进行风险提醒和警示。目前，监管部门正探寻研究众筹融资的合法性边界，为适度监管寻求基础。

1. 交易范围

2014 年 12 月，中国证券业协会发布《私募股权众筹融资管理办法（试行）》（征求意见稿）（以下简称《办法》）。该《办法》将股权众筹视为非公开发行，规定其融资对象人数不应超过 200 人，而且大大提高了股权型众筹投资者门槛，仅将平台设定为中介，另外对于平台的追偿以及对投资者的保护均尚未做出明确规定。从 2016 年 10 月证监会等十五部门印发的《实施方案》来看，股权众筹融资监管仍未对《证券法》相关规定进行实质性改变，股权型众筹融

资仍限定于互联网非公开发行。例如,《实施方案》明确严禁从事以下活动:
"一是擅自公开发行股票。向不特定对象发行股票或向特定对象发行股票后股东累计超过 200 人的,为公开发行,应依法报经证监会核准。未经核准擅自发行的,属于非法发行股票。二是变相公开发行股票。向特定对象发行股票后股东累计不超过 200 人的,为非公开发行。"

2. 发行方式

在股权型众筹的项目发行方式上,国内监管要求采取众筹平台宣告和募集的方式,而禁止公开方式宣传和推介。例如,《实施方案》严禁平台"非公开发行股票及其股权转让,不得采用广告、公告、广播、电话、传真、信函、推介会、说明会、网络、短信、公开劝诱等公开方式或变相公开方式向社会公众发行,不得通过手机 App、微信公众号、QQ 群和微信群等方式进行宣传推介。严禁任何公司股东自行或委托他人以公开方式向社会公众转让股票。向特定对象转让股票,未依法报经证监会核准的,股票转让后公司股东累计不得超过200 人"。

3. 监管措施与方法

证监会对股权型众筹融资的监管主要体现在《股权众筹风险专项整治工作实施方案》的制定和落实上,尚未形成体系化的监管措施和监管方法。在股权型众筹监管的落实过程中,省级政府具有重要作用。体现在以下三个方面:

(1)证监会通过专项整治形式督促股权型众筹融资的规范。证监会牵头成立股权型众筹风险专项整治工作领导小组,负责牵头制定股权型众筹风险专项整治工作实施方案,指导、协调、督促开展专项整治工作,做好专项整治工作总结,汇总提出长效机制建设意见。

(2)省级人民政府负责专项整治的组织开展。《实施方案》明确,"各省级人民政府按整治方案要求,组织开展本地区专项整治,建立风险事件应急制度和处理预案,做好本地区维稳工作,防范处置风险的风险"。

（3）省金融办（局）与证监会省级派出机构负责专项整治的落实。《实施方案》明确，"在省级人民政府统一领导下，省金融办（局）与证监会省级派出机构共同牵头负责本地区分领域整治工作，共同承担分领域整治任务"。

（三）众筹融资的自律监督

1. 自律组织

截至 2017 年 6 月，国内未单独成立全国性的官方众筹融资自律性组织，而是以中国互联网金融协会会员的方式进行自律管理。2014 年 4 月，"中国股权众筹联盟"民间自律组织成立，联盟还发布了《中国股权众筹联盟自律公约》，其中对筹资者准入门槛、投资者保护、众筹平台的权责进行了简单规定。2015 年 12 月，根据中国人民银行等十部委联合发布的《指导意见》，由中国人民银行会同银监会等国家有关部委组织建立了国家级互联网金融行业自律组织——中国互联网金融协会（以下简称"协会"）。协会是由从事 P2P 网络借贷、网络小额贷款、股权众筹、互联网支付、金融机构创新型互联网平台等互联网金融业务的市场主体及相关领域的从业人员、专家学者自愿结成的全国性、行业性、非营利性的社会组织，具有社团法人资格。无论从发起机构的权威性角度，还是从会员单位参与的广泛性角度，协会都是国内相关行业最具代表性的互联网金融自律组织。

2. 自律内容

协会章程中明确，协会为业内会员（包括股权型众筹）提供行业咨询、信息共享、创新研究、风险提示、人员培训、知识宣传等服务。《中国互联网金融协会职责》第二条明确，协会"制定并组织会员签订、履行行业自律公约，提倡公平竞争，维护行业利益。沟通协商、研究解决互联网金融服务市场存在的问题，建立争议、投诉处理机制和对违反协会章程、自律公约的处罚和反馈机制"。协会于 2016 年 3 月发布实施的《中国互联网金融协会会员自律公约》，明

确要求"会员严格遵守国家相关政策和法规制度，自觉贯彻协会章程、自律规则和其他有关规定，不得损害国家利益、社会公共利益、行业利益和金融消费者合法权益"。

3. 自律措施

2016 年 7 月，协会制定《自律惩戒管理办法》，明确了对会员从业违规行为实施惩戒的具体方式和程序。其中，协会对会员违规行为实施惩戒的种类有：警示约谈、发警示函、强制培训、业内通报、公开谴责、暂停会员权利、取消会员资格。截至 2017 年 6 月，根据协会网站披露信息，未见对股权型众筹会员采取监督惩戒等措施。

三、违规及处理

（一）股权型众筹融资的运行问题

由于缺乏必要的日常管理规范，股权型众筹融资活动在快速发展的过程中积累了一些不容忽视的问题和风险。目前，国内股权型众筹融资运行问题主要表现在以下几个方面：

1. 众筹项目虚假宣传

部分众筹项目上线之后，为了提高融资效率，增加众筹成功的概率，部分众筹平台会对项目进行一定程度的包装和宣传，但是由于平台本身对于项目的了解有限，一旦宣传和包装的尺度把握不准，容易陷入虚假宣传、夸大宣传的窠臼。涉嫌虚假宣传的主要表现有：美化业绩和运营数据、优越的对赌条款、强调安全退出等。虚假宣传带来的后果显而易见，即误导投资者。一旦平台存在虚假宣传，容易使投资者低估风险，造成投资者利益损失，如果发生风险事件，还会激化平台、项目方和投资者之间的矛盾。

2. 平台对项目信息核实不严

众筹融资平台需要通过尽职调查方式核实发起项目的真伪。现实当中，不尽职调查或尽职调查不严的问题备受业界诟病。从目前爆发风险事件的项目来看，究其风险发生的原因，都有平台信息核实问题包含在内。现阶段，众筹融资平台往往会强调项目上线之前会进行尽职调查，派出投资经理等职能部门对项目进行严格审核，项目尽职调查通过之后才上线，平台开始众筹融资。但是实际情况却不尽然。从许多众筹纠纷来看，矛盾的焦点就在于投资者对于平台尽职调查方面的指责，项目方不诚信、项目业绩严重背离路演预期等。投资者认为根本原因在于众筹融资平台项目信息核实不严甚至并未核实，让不合格的项目得以上线融资。

3. 关联交易和自筹

自融的问题最早发生在 P2P 网络借贷行业，一些自融的 P2P 网络借贷平台融资后，出现跑路或者资金链断裂等问题，导致投资者利益受损。2015 年开始，股权型众筹也开始出现自融现象，业内又称其为自筹。自筹有三种情形：一是众筹平台直接在平台上为自己的平台融资；二是利用众筹平台为关联企业融资；三是注册一批空壳公司代持股权引投众筹。无论是哪种形式的自融，一旦涉及自融项目，平台难以客观公正地对项目进行选择、宣传、尽职调查、风险控制、资金托管、信息披露。融资后，一旦项目发生问题，投资者利益保护将面临较大困难。总体来说，平台自融将极大地增加投资者风险。

4. 私募拆分

私募拆分的具体模式是，首先设立关联公司以合格投资者身份购买私募产品，然后通过交易平台将该私募产品拆分转让给其注册用户。证监会认定，这类业务主要涉及三方面的违规事项：一是突破了私募产品 100 万元的投资门槛要求，并向非合格投资者开展私募业务；二是将私募产品转让给数量不定的个人投资者，导致单只私募产品投资者数量超过 200 个；三是违反通过证监会认可的交易平台，进行资产管理计划份额的转让。购买了私募拆分后份额的投资者，收益权得不到法律的保护。同时，融资企业往往对于私募拆分并不知情，

拟入股的战略投资者根据协议也无法进行收益权转让。这也就意味着，投资者通过私募拆分而购买的原始股的权益也得不到融资企业的认可。

（二）股权型众筹融资的违规处理

规则一：通过股权型众筹融资交易平台签订众筹融资合同后，发起人违反信息披露义务，导致合同不能继续履行的，应承担违约责任。

案例一：2015 年，飞度网络公司与诺米多餐饮公司签订委托融资服务协议，约定诺米多餐饮公司通过飞度网络公司的"人人投"股权型众筹平台融资 88 万元，诺米多餐饮公司出资方式为租赁餐饮用房，约定"融资成功并设立品牌餐厅分店之日"时视为履行完毕。飞度网络公司后以诺米多餐饮公司的实际租赁餐饮用房系楼房与融资时向投资人公示的平房不同、诺米多餐饮公司拒绝提供产权证及出租方转租证明为由，诉请诺米多餐饮公司支付委托融资费用 4.4 万元及违约金 4.4 万元。

法院认为：诺米多公司提供的《房屋租赁合同》显示其所租房屋系平房，而现有证据能够确认该房为楼房，故该房可能存在违建等隐患。即使该房是合法建筑，但房屋所有权人是否允许案外人进行转租等问题，直接关系到众多投资人的核心利益，并有可能加大投资人的风险。飞度公司及投资人要求诺米多公司进一步提供房屋产权证及转租文件等属于维护自身的正当权益。同时，飞度公司必须对诺米多公司融资信息的真实性负有审查义务，以此降低投资人的风险。在诺米多公司提供的相关证件仍难以完全排除可能存在的交易风险的情况下，飞度公司认为诺米多公司存在信息披露不实具有相应的事实依据。因此，法院判决支持飞度公司的诉讼请求。

规则二：股权型众筹的发起人因项目公司未能正常设立时，应返还投资人投资款及相应的利息。

案例二：被告王松丽系河南诚铭装饰工程有限公司法定代表人，其通过微信向社会发布众筹信息，募集资金拟成立梦红楼餐饮公司。2014 年 10 月 30 日，原告邓发涛向被告出资 1 万元，被告为原告出具收据一份载明，邓发涛股权金壹万元（10000 元）。收据上加盖有被告王松丽的个人印章及被告诚铭公司的财务专用章。2014 年 12 月 16 日，郑州市工商行政管理局金水分局颁发个体工商户营业执照，名称为郑州市金水区萱苑梦红楼火锅店，经营者为被告王松丽，组织形式为个体经营。被告王松丽在火锅店成立后，未向原告等投资者进行过分红。后原告要求被告返还出资款未果而形成本案纠纷。

法院认为：王松丽通过微信发起众筹，募集资金拟成立梦红楼餐饮公司，邓发涛作为出资者向王松丽支付了 1 万元现金，因王松丽收取邓发涛等人的投资款后，却未按其发布的众筹信息约定成立有限责任公司，而是成立了以其为业主的个体工商户，致使众筹项目未能成立。故此，判决王松丽返还邓发涛投资款 1 万元及利息。

规则三：发起股权型众筹时，若众筹项目未成功上线，股权型众筹平台应返还收取的发起人支付的相关款项。

案例三：2015 年 8 月 15 日，被告洲城地铁传媒公司和原告湘约时光海餐饮公司就湘约时光海餐厅众筹股权合作事项达成一致，共同签订了《众筹合作协议》，约定湘约时光海餐饮公司以股权型众筹的形式在洲城地铁传媒公司独资拥有的长沙众筹网平台上对该项目进行总股金为 150 万元的股权型众筹。为此，湘约时光海餐饮公司按约定向洲城地铁传媒公司交纳了 5 万元保证金。同时，双方还约定：甲方确因资金问题造成违约致使项目不能成功开展时，乙方应在解约之日起 2 日内将保证金全额返还甲方（项目上线前），或于解约之日起 2 日内将众筹资金全额返还投资人和领投人（项目上线后）。后由于洲城地铁传媒公司的原因致使众筹项目未能开展，众筹合作协议并未实际履行。湘约时光海餐饮公司认为众筹时机已过，遂提出解除《众筹合作协议》，并要求洲城地铁传媒公司立即退还 5 万元保证金。

法院认为：根据双方的约定，合作的期间为 2015 年 8 月 17 日至 11 月 17日，期间届满后，双方未实际履行协议内容，亦未达成新的协议，现湘约时光海餐饮公司请求洲城地铁传媒公司退还 5 万元保证金，符合合同和法律规定，法院予以支持。

规则四：项目公司成立后，投资人未成为众筹项目股东的，可解除协议，并要求发起人退还投资款。

案例四：原告付敏敏与被告成都益参伟业商贸有限公司、成都玉原川餐饮管理有限公司签订《投资入股意向协议》，约定原告参与被告发起的"玉原川大黑 DAIKOKU（来福士店）股权型众筹投资项目"，并向被告支付意向出资入股金（保证金）30 万元。"大黑 DAIKOKU（来福士店）"成立后，原告发现该店的实际经营人为成都凯蒂斯餐饮管理有限公司，其并未成为股东，故以投资目的落空为由，要求解除协议，被告返还投资款。

法院认为：原告系作为自然人投资入股，拟与投资各方共同经营"大黑 DAIKOKU（来福士店）"，入股后应成为经营"大黑 DAIKOKU（来福士店）"的公司股东，并按其实际持股比例分配利润。原告现既未成为"大黑 DAIKOKU（来福士店）"的股东，也未成为其实际经营方凯蒂斯公司的股东，故原告签订《投资入股意向协议》的目的并未实现，判决解除《投资入股意向协议》，被告返还投资款。

▶ 第三节　股权型众筹融资监管的完善及设计

根据众筹融资的金融功能与风险，国家应加强股权型众筹融资法律的制定和完善，监管部门应根据相关法律建立一套正规、完善的监管机制，对众筹融资平台进行资格审查和业务备案，对众筹融资平台审查融资人资格情况进行监

督，降低众筹融资的风险。同时，监管部门应制定和出台众筹融资信息披露法规，监督众筹融资平台履行信息披露义务。

一、主体资格审查

（一）对众筹融资平台实施牌照准入制度

股权型众筹融资平台需要具备一定的资质、符合一定的行为规范，并接受监管部门监管。监管部门需制定相关的监管规则，通过牌照准入制，将众筹融资合法化，对众筹平台的信息技术水平、业务流程、风险控制等方面设定准入条件。此外，参照监管部门对证券公司进行分级监管的监管制度和经验，制定股权型众筹平台评级体系，对众筹业务牌照进行分级管理。从平台的公司治理、合规管理、信息系统、风险管理、投资者权益保护、信息披露、资产状况和盈利能力等方面建立相关指标体系，对其进行综合评级。

（二）健全发行监管方法

根据融资规模，选择采用审批、核准、备案等不同的发行制度，健全发行监管方法。

股权型众筹的优点是融资成本和时间成本低，主要融资主体为中小企业。若按照传统监管方法直接采取发行核准制，发行门槛高、流程复杂，将大大提高中小企业融资成本，使众筹融资失去其本身的意义。例如，《关于严厉打击非法发行股票和非法经营证券业务有关问题的通知》和《股权众筹风险专项整治工作实施方案》都强调了股权型众筹项目的监管核准，"向不特定对象发行股票或向特定对象发行股票后股东累计超过200人的，为公开发行，应依法报经证监会核准"；"向特定对象转让股票，未依法报经证监会核准的，股票转让后公司股东累计不得超过200人"。这两个规范性文件明确提出对股权型众筹采取核准制，在规范国内股权型众筹融资的同时，也明显降低了其发展速度。

为鼓励中小企业利用股权型众筹融资，应健全股权型众筹发行的制度，改进发行监管方法。可根据中小企业资产总额及众筹股权比例，设立不同档次的核准标准和程序。假定将股权型众筹项目分为高（融资1000万元及以上）、中高（融资300万~1000万元）、中低（融资50万~300万元）、低（融资50万元以下）四档。对融资规模达到1000万元规模以上的股权型众筹项目，纳入传统审批制范畴；对融资规模在300万~1000万元的股权型众筹融资项目，采用比较规范和详细的核准程序；对融资规模在50万~300万元的股权型众筹融资项目，采用比较规范和简略的核准程序；对融资规模在50万元以下的股权型众筹融资项目，采用备案制，由获得牌照的平台负责统计数据资料，并把发行项目在证监会或其分支机构进行备案管理。当然，这一设想的档次标准和监管程序还需要具体设计和改进。

（三）严格要求股权型众筹募集资金由第三方机构托管

在股权型众筹融资过程中，若由众筹平台担任资金管理方，负责筹款、扣除管理费、向项目融资者划款等，难以保证资金的安全，且互联网金融行业中恶意卷款跑路的现象时有发生。因此，应引入第三方机构（如商业银行、券商）负责资金托管，代理众筹平台在投资者账户、平台账户与发行人账户之间进行资金划转，保证资金的安全性。这在上述系列规范性文件中都已明确要求，但需要加强政策的落实和执行。例如，《指导意见》规定，"从业机构应当选择符合条件的银行业金融机构作为资金存管机构，对客户资金进行管理和监督，实现客户资金与从业机构自身资金分账管理。客户资金存管账户应接受独立审计并向客户公开审计结果"。《股权众筹风险专项整治工作实施方案》规定，"互联网金融从业机构应当严格落实客户资金第三方存管制度，对客户资金进行管理和监督，实现客户资金与自身资金分账管理，平台应严格落实客户资金第三方存管制度"。

（四）建立合格的投资者制度

投资者应当充分了解股权型众筹融资活动的风险，具备相应的风险承受能力，进行小额投资。因此，《指导意见》明确，"要研究建立互联网金融的合格投资者制度，提升投资者保护水平"。健全和细化合格投资者制度，可结合众筹投资者的风险承受能力评估结果、金融投资经历，限定投资者对股权众筹的投资规模，以及在单个股权众筹平台上的投资（占投资者股权众筹总投资）比例。

二、信息披露的规范

众筹融资与证券发行交易具有类似性，都属于直接融资的范畴，众筹融资平台可以理解为微型的互联网证券市场，都是沟通资金供需双方的信息桥梁。但不同的是，证券市场的运行具有一套严密的制度安排，信息披露制度不仅适用于证券市场，而且也应适用于整个直接融资体系。股权型众筹融资平台作为信息中介，融资人作为资金使用方，都具有如实披露融资相关信息的义务，以确保投资人在做出投资决策之前有获取真实、准确信息的机会。为确保信息披露制度的落实，监管部门应尽快制定和出台股权型众筹融资信息披露法规，明确项目管理者和众筹融资平台的信息披露义务，规范平台和企业融资行为，保障投资者的合法权益。

（一）信息披露的重要意义

1. 减少投资前的信息不充分

严格众筹融资平台的准入与审查，能够提高众筹信息披露质量，同时增加关于领投人信息的披露，有助于缓解逆向选择风险。由于普通投资者在便利获取高质量信息上处于劣势地位，同时我国众筹平台上常用的"领投+跟投"模式使领投人在一定程度上具有影响投资资金流向的作用。因此，信息披露对于

资金是否投向优质企业起到了重要作用。

2. 缓解投资后的信息不对称

由于投资后投资者难以监督项目管理者的行为，因此项目管理者为了迅速牟利可能会出现不负责任或者隐瞒实际经营水平以及擅自改变资金用途等行为。信息有效披露将会改善由于信息不对称带来的道德风险，同时投资者或潜在投资者可以根据披露的信息，在增加对优质企业投资信任的同时逐渐淘汰掉经营不善的企业，促进我国新兴资本市场的整体质量。

3. 拓宽融资渠道、降低融资成本

项目管理者通过对投资项目进行详细的信息披露，可以使投资人更为深入地了解到该项目的风险性和收益率等信息，透明而健全的信息披露制度，有利于为自身发展带来更多的投资额，使创业企业的融资方式不再局限于借贷等传统方式，降低融资成本。

（二）信息披露的规范方法

1. 执行强制性的项目信息披露机制

美国在对众筹融资的监管过程中，坚持强调信息披露，要求众筹融资项目管理者对存在的风险提供真实、全面的提示。例如，美国 JOBS 法案在对新兴成长型企业开放资本市场的同时，明确规定新兴成长企业在股权型众筹融资时的信息披露责任，包括高管薪酬、投票权代理、招股说明书以及信息披露的时间频率等内容。在我国对股权型众筹的监管体系形成之前，可以借鉴美国股权型众筹信息披露制度，从而使金融产品的标准性和透明度得到提高，降低众筹融资行业的法律风险。

2. 建立适度的融资者信息披露制度

在证券市场中，保护投资者，实际就是保护投资者的知情权，而信息公开作为保护投资者的手段，是《证券法》的核心和灵魂。监管当局应当对股权型众筹的信息披露标准做出明确的规定，但考虑到初创企业的融资困难，标准应当适度。例如，美国《众筹法案》根据融资者的融资额度来设定不同的信息披露标准，如融资计划在 10 万~50 万美元的企业必须进行外部财务评估，但不必进行审计。融资计划不超过 10 万美元的企业可以提交自己的财务报告。符合众筹条款的首次发行证券金额在 50 万~100 万美元的公司可以提供评审过的财务报表而不是审计过的财务报表，这样既考虑了投资者的利益，又保证了融资者的融资成本。《指导意见》要求，"(互联网金融) 从业机构应当对客户进行充分的信息披露，及时向投资者公布其经营活动和财务状况的相关信息，以便投资者充分了解从业机构运作状况，促使从业机构稳健经营和控制风险。从业机构应当向各参与方详细说明交易模式、参与方的权利和义务，并进行充分的风险提示"。"股权众筹融资方应为小微企业，应通过股权众筹融资中介机构向投资人如实披露企业的商业模式、经营管理、财务、资金使用等关键信息，不得误导或欺诈投资者"。但信息披露程度还需要进一步明确和细化。

3. 构建和完善股权型众筹融资投资者权益保护制度

互联网融资平台作为信息的交互平台，存在大量身份和交易数据，涉及融资人、担保人、投资人等各互联网融资参与方。完善股权型众筹投资者权益保护制度包括两个方面：一是通过股权型众筹平台确定投资者了解众筹项目存在损失整个投资的风险，了解初创企业、新兴企业及小型证券发行人的一般风险等级，了解流动性不足的风险，并且提示投资者是否具有承担相应损失的能力。二是构建信息安全保护机制，进一步保护参与个人的隐私和参与企业的商业秘密。以当前我国众筹融资为基础，借鉴国外网络融资经验和保护投资者权益的制度建设，制定和完善我国众筹融资投资者正当权益保护体系，强化项目融资者披露信息的标准，增强信息透明度以降低信息非对称性带来的投资风险，明确规定众筹融资平台应提醒项目融资者融资风险并制定相应的防范措施，以防范投资欺诈的发生。

▶ 第四节　监管评估与风险监测

众筹融资平台是衔接出资者和项目管理者的关键桥梁，他们运营的规范程度和风险行为决定着整个行业的风险状况。因此，监管部门对平台的风险评估是众筹融资风险评估的重要内容。

一、评估意义与目的

我国已逐步建立起传统金融行业风险监测机制、预警机制和相应的风险处理机制，监管部门通过对金融行业或企业的动态数据信息进行监测，当发现数据异常时系统会根据监测指标体系进行预警，预警信号发出后监管部门可及时做出反应。众筹融资依托于互联网平台进行运作，交易活动几乎是在互联网上完成的，网上交易的便捷性使得众筹融资交易更加活跃和频繁，互联网的虚拟性特点使得交易活动都不可见，难以用传统的检查方式或手段进行有效的监管。众筹融资风险监测、预警和处理机制的缺失，导致许多风险无法得到识别和控制，造成风险的积累从而导致大范围损失。目前广泛采用的事后监管方式是造成损失后才采取的"亡羊补牢"式的抢救措施，不适用股权型众筹融资。因此，对股权型众筹融资的风险状况定期评估更具重要意义。

二、评估内容

股权型众筹融资平台的风险评估目的在于估算和评价股权型众筹融资平台的法律合规风险、操作风险和市场风险，为规范股权型众筹融资和保护投资者利益提供支持。

（一）法律合规风险

股权型众筹融资中的法律合规风险指众筹融资因为违反法律法规或者无法满足法律法规的要求而给机构本身或者出资者乃至整个社会造成损失的风险。法律合规风险是在现阶段众筹融资的细则与法律没有充分制定的情况下，行业发展过程中暴露出的主要风险之一。

股权型众筹平台具有擅自发行股票罪的潜在合规风险。《中华人民共和国刑法》第一百七十九条规定，擅自发行股票罪是指"未经国家有关主管部门批准，擅自发行股票或者公司、企业债券，数额巨大、后果严重或者有其他严重情节的行为"。《中华人民共和国证券法》第十条规定，"公开发行证券，必须符合法律、行政法规规定的条件，并依法报经国务院证券监督管理机构或者国务院授权的部门核准；未经依法核准，任何单位和个人不得公开发行证券。公开方式包括：向不特定对象发行证券；向累计超过两百人的特定对象发行证券；法律、行政法规规定的其他发行行为"。2016 年 10 月，国务院办公厅印发的《互联网金融风险专项整治工作实施方案》要求，"股权众筹平台不得发布虚假标的，不得自筹，不得'明股实债'或变相乱集资，应强化对融资者、股权众筹平台的信息披露义务和股东权益保护要求，不得进行虚假陈述和误导性宣传"，但并未对相关法律规定进行修改完善。股权型众筹平台发布项目，会有数量众多的出资者购买该项目的股权，因此平台可能涉及向不特定对象或超过200 人的特定对象发行股权的风险。监管部门需要统一监管法律法规口径，评价和判断众筹融资平台在发布不同项目时的法律合规风险。

（二）操作风险

从股权型众筹融资的实际经营行为分析，主要的操作风险包括内部欺诈、外部欺诈与合谋风险和信息技术风险。

1. 内部欺诈

内部欺诈指机构内部人员故意骗取、盗用财产或违反监管规章、法律或公司政策导致的损失。众筹融资平台的内部欺诈风险主要表现为两种形式：一是众筹融资平台为了拓展市场，违反法律规定，虚构项目，营造交易繁荣假象，误导或欺诈投资者，并进行非法经营活动，造成风险损失。二是由于平台内部管理不规范，未对客户资金第三方存管，将客户资金与自身资金混合管理，平台内部工作人员利用职务便利，将投资者资金盗为己有，或挪用归个人使用、借贷给他人、进行营利或非法活动，造成风险损失。

2. 外部欺诈与合谋风险

外部欺诈风险是指第三方故意骗取、盗用财产或逃避法律导致的损失。当众筹融资平台对项目发起、信息披露管理不规范时，引发外部欺诈和合谋风险提高。股权型众筹融资外部欺诈风险表现为三种类型：一是众筹项目管理者发起项目的初始目的就是欺诈出资者获取诈骗收益。平台前期为了拓展投标项目，对项目资质把握、信息管理不规范，此时资金需求的项目管理者通过虚构创新项目、设计融资方案、出资报酬计划、朋友前期注资等方法，使创新项目更具真实性，获取众筹融资平台的信任（或者两者合谋），成功发布项目并筹集资金，待一定时间后宣布项目失败，获得诈骗收益。二是由于信息的不完全对称性，项目领投人与募资人存在虚假宣传抬高估值与议价的道德风险，部分平台夸大宣传以吸引中小投资者，情节严重的构成欺诈罪。三是外部欺诈与内部合谋。众筹融资平台与项目管理者合谋非法交易，甚至为项目管理者制造假资质、假行业信息，造成出资者和业务操作风险上升。

3. 信息技术风险

股权型众筹融资模式下，客户支付便利程度得到提高，时间成本有所降低，但其信息传输和信息处理与传统银行支付有明显的不同。众筹融资出资者的投资过程主要分为三个步骤：一是出资者通过计算机、移动通信设备（如手机）向银行发出指令；二是出资者交易信息通过移动通信网或互联网传输到第三方支付系统；三是支付系统完成互联网账户之间的资金结算（第三方支付账户间资金支付清算）。众筹融资的投融资交易存在两个风险漏洞：一是交易信息从发生到处理完毕，不仅经过金融专网，而且经过互联网或移动通信网，出资者信息不仅在银行系统中存储，而且在第三方支付机构中存储，从传输环节上增加了风险漏洞。二是众筹融资交易信息传输环节在互联网中进行，社会黑客登录互联网就可能入侵到众筹平台系统。移动通信网及互联网是众筹融资重要的信息传输工具，而且系统通过互联网连接出资者、项目管理者、众筹平台、银行卡组织系统，无论是信息传输过程，还是机构处理系统，都面临远远高于金融专网的攻击风险和系统中断风险。同时，如果众筹融资平台一味强调业务扩张，忽略系统技术升级，便会造成系统水平滞后于业务发展，使业务系统中断和失败的风险加大。

（三）市场风险

巴塞尔银行监管委员会（2013）对市场风险的界定是，"因市场价格的波动而造成表内外头寸损失的风险。满足这种要求的风险是：交易账户中属于与利率相关的金融工具和股权的风险；遍及全机构的汇率风险和商品风险"。市场风险对于股权型众筹融资平台的影响主要是：

一是由于众筹项目替代商品价格的大幅下降，导致众筹项目产品的市场竞争力下降，以及项目管理者的利润降低和股权收益降低。当大量众筹项目的实际收益与项目发起时宣告的收益相差甚远时，影响众筹平台后期其他项目的众筹融资速度。

二是利率急剧攀升，项目管理者可能将资金用于其他金融投资，从而加大了项目失败的风险，降低了众筹融资的行业声誉。股权型众筹模式下，项目管理者与出资者通过平台直接达成交易，由于是股权形式，项目管理者不必偿还

投资者资金，利率不会影响其融资成本，利率及其他金融收益率提升后，项目管理者具有不再按照发起计划进行生产投资、将项目资金挪用于民间借贷和金融投资的冒险冲动，发生 2014~2016 年常见的"金融过度"和"脱实向虚"的现象。这种行为必然影响众筹项目的正常生产和进展，加大项目失败的风险。大量众筹发起项目挪用资金、经营失败，进而会影响股权型众筹融资行业的声誉。

股权型众筹声誉降低和项目融资速度减缓一定程度上影响平台的稳定运营，甚至引发其他社会稳定问题。因此，监管部门需要关注经济周期波动下众筹融资的市场风险及其对经济社会稳定运行的影响。

三、评估方法

（一）风险评估指标体系设计

为了能够对股权型众筹融资风险进行评估，这里设计一个风险评估指标体系。根据风险的性质，把股权型众筹融资平台的风险分为二级评价指标，并确保在建立模型时，每一个一级评价指标都有与之相适应的二级评价指标。风险评估的原则是：首先对二级进行评分，然后根据各二级指标的分值按权重加总，合成为股权型众筹融资风险一级指标的评分分值。二级指标的选择需要结合历史资料、现实状况及业内资深从业人员的经验来进行评估。股权型众筹融资风险评价指标体系的一级指标包括操作风险、市场风险、法律合规风险。其中，操作风险的二级指标包含了由于互联网技术所产生的风险和部分由股权型众筹融资活动所引起的相关风险。

（二）模糊层次分析模型

模糊层次分析法（Fuzzy Analytic Hierarchy Process，FAHP）是一项关于分析复杂问题的决策技术与方法，是一种定性与定量的系统分析方法。利用该方法可对众筹融资进行量化评价，为选择最优方案提供依据。

1. 建立递阶层次结构，为股权型众筹融资指标的权重确定做准备

层次结构主要包括目标层、准则层和指标层。其中，目标层为股权型众筹融资的风险评价；准则层由三个一级指标构成，具体包括：法律风险、操作风险、市场风险；在每个一级指标下，依次设定了若干二级指标，构成指标层。

2. 构造模糊判断矩阵

基于上述所构建的递阶层次结构，对影响某因素的下一层每个因素重要性做出判断，通过这些因素之间的两两对比确定相对重要的得分，最终得出本书所需的模糊判断矩阵。

3. 检验模糊判断矩阵的一致性

对不满足一致性的模糊判断矩阵进行相应的调整。根据模糊一致矩阵的性质，对判断矩阵进行一致性检验。

4. 计算各层次的权重

该步骤将依次计算目标层下准则层的相对权重和单一准则下各元素的相对权重。

5. 层次总排序

在层次单排序的基础上，计算指标层各因素相对于目标层的相对重要性权重。权重值为各指标相对于所属准则层的权重与所属准则层相对于目标层的权重之积。

▶ 第五节　本章小结

第一，众筹融资监管有利于降低众筹融资的金融风险，有利于改善融资的信息不对称问题，保护人数巨大的消费者利益与权益。国际上几个典型国家的

众筹融资监管法案共同体现出对平台合法地位确认的同时，有规范平台的信息披露、限制投资人资格、规范的行业自律等特点。

第二，由于缺乏必要的管理规范，众筹融资活动在快速发展的过程中积累了一些不容忽视的问题和风险，目前，众筹融资违规问题主要表现在以下几个方面：众筹项目虚假宣传、平台不尽职调查或尽职调查不严、关联交易和自融、私募拆分。

第三，我国已经明确股权型众筹融资监管部门，但仍存在法律法规要求不一、监管政策不成体系等问题。从我国典型的判决案例可以归纳出四个规则：一是通过股权型众筹融资交易平台签订众筹融资合同后，发起人违反信息披露义务，导致合同不能继续履行的，应承担违约责任；二是股权众筹的发起人，因项目公司未能正常设立时，应返还投资人投资款及相应的利息；三是发起股权型众筹时，若众筹项目未成功上线，股权型众筹平台应返还收取的发起人支付的相关款项；四是项目公司成立后，投资人未成为众筹项目股东的，可解除协议，并要求发起人退还投资款。

第四，对众筹融资实施主体资格审查和业务备案制度，建立一套正规的、完善的审查机制，对融资人的主体资格严格审查，扎紧制度笼子，有利于降低众筹融资风险。其中包括对融资平台实施牌照准入制度，建立发行备案制，要求股权型众筹募集资金由第三方机构托管。

第五，加强众筹融资的信息披露有利于投资者和监管当局了解风险，因此应执行强制性项目信息披露机制；建立适度的融资者信息披露制度；构建和完善众筹融资投资者权益保护制度。

第六，众筹平台风险评估。评估目的在于识别众筹融资平台稳健经营的风险。评估内容主要包括法律合规风险、操作风险、市场风险。评估方法主要有等级赋值法和指标评估法。

参考文献

［1］Agrawal A.K., Catalini C., Goldfarb A. The Geography of Crowdfunding ［R］. NBER Working Paper No. 16820. National Bureau of Economic Research, Inc., 2011.

［2］Ahlers G., D. Cumming, C. Gunther, and D. Schweizer. Signaling in Equity Crowdfunding ［R］. SSRN Working Paper, http: //papers.ssrn.com/sol3/papers.cfm? abstract id=2161587, 2012.

［3］Basel Committee on Banking Supervision. Global Systemically Important Banks: Assessment Methodology and the Additional Loss Absorbency Requirement, Bank of International Settlements, http: //www.bis.org/bebs/gsib, 2011.

［4］Cabral L. Reputation on the Internet ［M］ //Martin Peitz and Joel Waldfogel. eds.-chap. 13, The Oxford Handbook of the Digital Economy, Oxford University Press, New York, 2012.

［5］Elfenbein D. W., R. Fisman, B. McManus. Charity as a Substitute for Reputation: Evidence from an Online Marketplace ［J］. Review of Economic Studies, 2012, 79 (4): 1441-1468.

［6］Hemer J., Schneider U., Dornbusch F., Frey S. Crowdfunding und andere Formen informeller Mikrofinanzierung in der Projekt-und Innovationsfinanzie-rung [M]. Final Report, Karlsruhe: Fraunhofer ISI, 2011.

[7] Hemer J. A Snapshot on Crowdfunding [R]. Working Papers, Firms and Region, No. R2/2011, 2011.

[8] Hsu D. Experienced Entrepreneurial Founders, Organizational Capital, and Venturecapital Funding [J]. Research Policy, 2007, 36 (5): 722-741.

[9] Jin G. Z. and A. Kato. Dividing Online and Offline: A Case Study [J]. Review of Economic Studies, 2007, 74 (3): 981-1004.

[10] Kumar S. Bank of One: Empirical Analysis of Peer- to-peer Financial Market places [R]. Proceedings of the American Conference on Information System s.1-8, 2007.

[11] Lewis G. Asymmetric Information, Adverse Selection and Seller Disclo-sure: The Case of eBay Motors [J]. American Economic Review, 2011, 101 (4): 1535-1546.

[12] Mwangi A., Acosta F. A Crowd Sourcing Model For Continual Collabo-ration Between Companies And Their Consumers, hdl.handle.net/su -plus.strath-more.edu, 2012.

[13] Pope D. G. and J. R. Sydnor. What's in a Picture? Evidence of Discrim-ination from Prosper. Com [J]. Journal of Human Resources, 2011 (46): 53-92.

[14] Roberts J. Can Wrranties Substitute for Reputations? [J]. American E-conomic Journal, 2011, 3 (3): 69-85.

[15] Stiglitz J. E. and Andrew Weiss. Credit Rationing in Markets with Imper-fect Information [J]. American Economic Review, 1981, 71 (June): 393-410.

[16] Steven M.D. and P. Rose. The Disappearing Small IPO and the Lifecycle of the Small Firm [R]. Working Paper, Feb, 2014.

［17］Word Bank. Crowdfunding's Potential for the Developing World ［R］. Working Paper，2013.

［18］Word Bank Group. Crowdfunding for Green Businesses：Lessons from East African Startups ［EB/OL］. www.infodev.org/CrowdfundingAfrica，2016.

［19］Tucker C. and J. Zhang. How does Popularity Information Act Choices? A Field Experiment ［J］. Management Science，2011，57（5）：828–842.

［20］Waldfogel J. and L. Chen. Does Information Undermine Brand? Information Intermediary Use and Preference for Branded Web Retailers ［J］. Journal of Industrial Economics，2006，54（4）：425–449.

［21］21CN 新闻.学术出版试水众筹新模式 ［EB/OL］. http：//news.21cn. com，2013.

［22］白江.我国股权众筹面临的风险与法律规制 ［J］.东方法学，2017（1）：14–28.

［23］蔡鸣龙.商业银行信贷管理 ［M］.厦门：厦门大学出版社，2014.

［24］大学生创业网.科研项目都能众筹了，但它合法吗？［R］. http：//www.studentboss.com，2015.

［25］第一财经新金融研究中心.中国 P2P 借贷服务行业白皮书（2013）［M］.北京：中国经济出版社，2013.

［26］电脑报.走出象牙塔科研的众筹模式 ［EB/OL］. http：//www.icpcw. com，2014.

［27］弗朗西斯·福山.信任：社会美德与创造经济繁荣 ［M］.海南：海南出版社，2001.

［28］海宣，明文，赵静.关注全国首例众筹融资案例 ［J］.法庭内外，2015（10）：4–7.

［29］何德旭，苗文龙.财政分权是否影响金融分权 ［J］.经济研究，2016

（2）：42-55.

[30] 何德旭，苗文龙. 金融排斥、金融包容与中国普惠金融体系构建［J］. 财贸经济，2015（3）：5-16.

[31] 胡海峰，郭卫东. 全球系统重要性金融机构评定及其对中国的启示［J］. 经济学动态，2012（12）：71-75.

[32] 互联网金融创新及监管四川省协同创新中心. 2014 年中国公益众筹发展报告［R］. 成都：互联网金融创新及监管四川省协同创新中心，http：// www.zhongchou.com，2014.

[33] 网络借贷应防洗钱风险［N］. 金融时报，2013-01-21.

[34] 京东众筹. 圆山里小艺术家的北京展演梦［EB/OL］. https：//z.jd.com，2016.

[35] 兰春芳. 域外众筹融资监管立法的比较［J］. 中国市场，2017（8）：70.

[36] 李树文. 互联网金融风险管理研究［D］. 大连：东北财经大学，2016.

[37] 廖理，李梦然，王正位. 聪明的投资者：非完全市场化利率与风险识别［J］. 经济研究，2014（7）：125-137.

[38] 零壹财经，华中新金融研究院. 中国互联网众筹年度报告［R］. 武汉：华中新金融研究院，2016.

[39] 刘钒，甘义祥，李光. 科研众筹模式分析及发展对策研究［J］. 科技进步与对策，2015（21）：8-12.

[40] 陆金所. 互联网金融报告［EB/OL］. https：//user.lu.com，2014.

[41] 吕雯，杨鑫杰. Fintech 的定义及相关概念辨析［R］. 南湖互联网金融学院网站，2016.

[42] 马广奇，史梦佳. 我国互联网股权众筹融资模式的风险分析与评估［J］. 中国注册会计师，2016（12）：58-62.

[43] Lee J., Kladwang W., Lee M., et al. RNA Design Rules From a Mas-

sive Open Laboratory [J]. Proceedings of the National Academy of Sciences of the United States of America，2014，111（6）：2122.

[44] 苗文龙，刘海二. 互联网众筹融资及其激励约束与风险管理 [J]. 金融监管研究，2014（7）：1-22.

[45] 苗文龙，严复雷. 品牌、信息披露与互联网金融利率——来自 P2P 平台的证据 [J]. 金融经济学研究，2017（1）：3-14.

[46] 苗文龙. 互联网金融：模式与风险 [M]. 北京：经济科学出版社，2015.

[47] 拍拍贷. 中国首个重量级纯公益学术项目众筹 [EB/OL]. http：//www.ppdai.com，2014.

[48] 人民网. 联合国宽带状况报告：中国成全球第一大互联网市场 [EB/OL]. http：//media.people.com.cn，2016.

[49] The World Bank. Crowdfunding's Potential for the developing world [R]. Washington DC 20433. www.infoDev.org，2013.

[50] 唐·E.艾博利. 市民社会基础读本——美国市民社会讨论经典文选 [M]. 北京：商务印书馆，2012.

[51] 王佳炜，初广志. 论互联网公益众筹对公民参与的促进作用 [EB/OL]. 人民网，2016-07-26.

[52] 王志皓. 我国股权众筹平台监管立法之探讨 [J]. 辽宁大学学报（哲学社会科学版），2017（11）：107-113.

[53] 网贷天下. 发展科研众筹破解经费的来源问题 [EB/OL]. http：//www.wdtianxia.com，2016.

[54] 未央网. 2016 年 1 月全国众筹行业月报 [EB/OL]. http：//www.weiyangx.com，2016.

[55] 肖凯. 论众筹融资的法律属性及其与非法集资的关系 [J]. 华东政法

大学学报，2014（5）：29-36.

[56] 谢平. 互联网金融报告 2014 [R]. 零壹财经，2014.

[57] 谢平，邹传伟. 互联网金融模式研究[J]. 金融研究，2012（12）：11-22.

[58] 谢平，邹传伟，刘海二. 互联网金融手册 [M]. 北京：中国人民大学出版社，2014.

[59] 谢平，邹传伟等. Fintech：解码金融与科技的融合 [M]. 北京：中国金融出版社，2017.

[60] 新华社《金融世界》，中国互联网协会. 中国互联网金融报告 [EB/OL]. 中国互联网协会网站，2014.

[61] 徐京平，赵明芳. 中国公益众筹的发展及其商业模式研究 [J]. 经贸实践，2016（12）：4-7.

[62] 盈灿咨询. 2017 年 1 月众筹行业报告 [EB/OL]. 盈灿咨询官方网站 http：//www.wdzj.com，2017.

[63] 余牛. 美国众筹业发展及监管启示 [J]. 浙江金融，2015（12）：30-34.

[64] 曾建光. 网络安全风险感知与互联网金融的资产定价 [J]. 经济研究，2015（7）：131-145.

[65] 中华人民共和国工业和信息化部. 中国通信行业月度分析报告 [EB/OL]. 中华人民共和国工业和信息化部，2014-07.

[66] 中国互联网络信息中心. 中国互联网络发展状况统计报告 [EB/OL]. 中国互联网络信息中心，2016.

[67] 中国支付清算协会. 中国支付清算行业运行报告 [EB/OL]. 中国支付清算协会，2016.

[68] 众财网. 什么是捐赠式众筹 [EB/OL]. http：//www.tjzbqpc.com，2017.

[69] 兹维·博迪，罗伯特·莫顿. 金融学 [M]. 北京：中国人民大学出版社，2001.